认真看了周淑君老师编撰的《非看不可》，深感意外，是那种颇多惊喜的意外。“广府非遗”是个非常有趣的大课题，是岭南文化的优秀代表和瑰丽宝库，其中包含了太多值得专家、学者们探究和深挖的内涵。从这本书中，我们能欣喜地看到周淑君老师带领她的学生们从“广府非遗”中挑选出了一批十分有代表性的形式，并从中提取了美的元素，化作了有效的艺术设计符号和可衍生的非遗文创作品。祝周淑君老师“非遗”文创研究和教学的道路上惊喜不断、成果非凡。

曾朝辉

顺德区专家工作室·曾朝辉文化创意与品牌视觉设计工作室主持人

中国工业设计协会设计教育分会理事

中国美术家协会会员

周淑君老师的《非看不可》，探索以品牌视觉设计创新非遗传播方式，拓展了非遗传播的创意思维，令人耳目一新。书中收录的非遗创意设计案例，全部出自她指导的学生之手，让人有理由相信，传播非遗，后继有人。

谢中元

非遗学博士

佛山科学技术学院副研究员

岭南文化研究院非遗研究基地主任

广府文化，是中华民族文化之林中的一支瑰丽的奇葩。周淑君老师作为一个土生土长的广府人，对广府文化有着独到的理解和感受。在周老师指导学生完成的作品中，无不渗透着广府文化的元素和内涵，并在传承与创新的表现中寻找新的突破。这一教学方式，对推动广府文化的产业化发展做出了大胆而有益的尝试，实属难能可贵。

关晓华

广东省广府文化研究会副秘书长

广东省广府文化产业发展促进会副会长

民族文化传播是农业，而周淑君正是俯首翻土灌溉、播撒种子、呵护成长的一员。看完本书，您会找到享受文化果实的愉悦，或许更愿意加入其中。

梁宇

广东广播电视台新闻主播

传道者先知“道”，授业者先勤“业”，解惑者先明“惑”——周淑君老师在这三个方面所做出的成绩，有目共睹，令人赞叹。“把论文写在祖国大地上”，在周老师这里已经是一种使命般的自觉。

张骁鸣

中山大学旅游学院副教授

博导

非看不可

非物质文化遗产品牌视觉设计研究
暨顺德职业技术学院会展专业学生作品集

周淑君　著

華中科技大學出版社
http://www.hustp.com
中国·武汉

图书在版编目（CIP）数据

非看不可 / 周淑君著 .—武汉：华中科技大学出版社，2019.12
ISBN 978-7-5680-5851-3

Ⅰ.①非… Ⅱ.①周… Ⅲ.①非物质文化遗产 – 介绍 – 广东 Ⅳ.① G127.65

中国版本图书馆 CIP 数据核字 (2019) 第 271078 号

非看不可
Fei Kan Buke

周淑君　著

策划编辑：彭中军
责任编辑：段亚萍
责任校对：张会军
封面设计：周淑君
责任监印：朱　玢
出版发行：华中科技大学出版社（中国·武汉）　电话：（027）81321913
　　　　　武汉市东湖新技术开发区华工科技园　邮编：430223
录　　排：华中科技大学惠友文印中心
印　　刷：武汉市金港彩印有限公司
开　　本：710 mm × 1000 mm　1/16
印　　张：15
字　　数：297 千字
版　　次：2019 年 12 月第 1 版第 1 次印刷
定　　价：180.00 元

专家序一：

作为民族文化精粹和国家重要文化资源的非物质文化遗产（后简称“非遗”），以其特有的文化表现形式，将历代华夏儿女的情感、思想和智慧融入其中，成为联结民族情感的纽带，延续民族文化的养分，彰显民族身份的标识，经过历代的继承、丰富、发展、完善，才有今天的辉煌。

高校作为文化传承与创新的重要载体，在非遗传承的过程中责无旁贷且具有独特的优势。但现实中由于认识不足，措施不力，重视不够，高校在非遗传承中发挥的作用还不够明显。

顺德职业技术学院设计学院周淑君老师从设计类专任教师的视角出发，整理挖掘了一批以岭南广府文化为主体的非遗作品及产品，并将其列入课堂教学，引起了同行的关注，激发了同学们的学习兴趣，我认为具有特殊而重要的意义。

首先，能传承非遗知识。非遗作为一个学科拥有庞大的知识体系，涉及物化表现形式、人文生存环境、发展演变规律、历史生成背景，以及内涵价值等内容，也包含了艺术、文学、音乐、民俗等诸多方面的知识。根据专业类型和学科特色，通过课堂教学能让同学们了解非遗相关知识。

其次，能增强文化自信。优秀的中华传统文化是我们增强文化自信的基石，增强文化自信要从年轻人培养起，要让青年学子成为文化自信的拥有者和践行者，高校课堂上传授非遗知识，是增强青年学子文化自信最便捷有效的途径。

再者，能提升专业素养。非遗作品是历史文化艺术的积淀，凝结了无数匠人大师的智慧，在教学过程中融入非遗素材，采用搜集元素、访谈艺人、专题设计等方式，开拓了学生的设计思维，最终能提升其设计素养及设计能力。

最终，在课堂上导入非遗教育，能提高育人质量。高校培养人才的根本在于立德树人，以文化人，以文育人，在当今时代背景下，“文化市场化”的趋势越来越明显，高校文化中出现了部分工具化、娱乐化、庸俗化倾向。在这种文化境遇中何以承担文化育人之大任，作为优秀中华文化的非遗作品，具有庞大的体系，蕴藏着中华民族特有的精神内涵、审美观念、道德规范、价值理念、人文品质，在育人过程中，接地气，富情感，易接受，是高校文化育人的优质资源。

传承才是真正的保护，本书作者在教学任务繁重的境地下编写此书，勇当非遗文化的传承者，体现了一种历史的担当和人文的情怀。

姚美康教授
2019年3月

专家序二：

Logo Design and Intangible Cultural Heritage

An intangible cultural heritage is a practice, representation, expression, knowledge, or skill, as well as the instruments, objects, artifacts, and cultural spaces that are considered by UNESCO to be part of a place's cultural heritage.

Cultural heritage in general consists of the products and processes of a culture that are preserved and passed on through the generations. Some of that heritage takes the form of cultural property, formed by tangible artifacts such as buildings or works of art. Many parts of culture, however are intangible, including song, music, dance, drama, skills, cuisine, crafts and festivals. They are forms of culture that can be recorded but cannot be touched or stored in physical form . These cultural vehicles are "human treasures" .

The importance of intangible cultural heritage is not the cultural manifestation itself but rather the wealth of knowledge and skills that is transmitted from one generation to the next. The social and economic value of this transmission of knowledge is relevant for minority groups and for mainstream social groups of the community. In summary, intangible cultural heritage is traditional, contemporary and living at the same time. Moreover, it is inclusive, representative and community–based.

Graphic design or logo design is integral to the branding and marketing of everything that is consumed. That includes not only products but also services, information, technology, sports and entertainment, and even culture, values and ideas. Logo design influences and reinforces your band loyalty to the products you buy, the places you shop and dine. Logo design is becoming part of our life.

On the other hand, design changes our perspective about life, it affects what we want to buy, where we want to live, the way we think. Every little aspect of design is related to a feeling, because of the meaning behind it. It changes the way we feel about a product or an environment. Designs are the subliminal messages that people encounter every day. Rather than a direct influence, logo design impacts everyday life through advertising or more.

The author was able to recognize the common effects that intangible cultural heritage and logo design may have brought to the community, and how each of the two has affected the culture, values and ideas of people. She has developed an instrument based on which her students did a research project on intangible cultural heritage in Foshan for identifying and understanding people's values and preferences. Based on this platform, thorough exploitation of cultural resources has been made possible. A culture–centred design model was then adopted to facilitate designers to transform and integrate the cultural factors identified into their own design features. As a result, these logo designs would be very likely to be accepted by people in the community as common values and preferences were embedded in them.

This book showcases innovatively how interdisciplinary work can be done to address the needs of target audience of graphic design at a deep level. Certainly it will bring much inspirations to youngsters who are working in this field and is therefore highly recommended.

CHOW Kwok–Lim
Vice–Principal
Jockey Club Ti–I College
May 2019

编者自序：

国家倡导“中国梦”，那么，每一个中国人都应该有一个属于他天命的梦，而“意识导向”则是我的天命。今天，我所从事的教师职业，便成了我的“天职”，而教师必将引领周遭一切事物往他天命的方向前行。

中国自古以来就被“天人合一”的思想影响着，今天的我，坚持了10年有余地听从胡川妮教授的教导，坚持研究非物质文化遗产，坚持带领我的学生、我的团队一起走进“非遗”，坚持不放弃不抛弃的精神，坚持回馈社会的责任心。我深信“非遗”这一载体终将能挖掘出中国精神的价值，并终将能代表中国走向世界，走向未来。只要秉承“不忘初心”的理念，天命中要做的事情，便自然而然地做成了，也就有了今天出版《非看不可》的可能。当然，我也希望读到这本书的朋友们，不是简单地把它作为一本图形图像汇编集，而是作为一个便于我们与“非遗”沟通的平台，我们愿与您分享我们对“非遗”的理解与洞察，并诚邀您与我们一起探索“非遗”的未来。

文化传播既不是一哄而上，也不是一蹴而就的事情，它是一个循序渐进、积微成著的过程。“非遗”之所以是“非”，是因为它与众不同——与物质的形式不同，却又蕴含着非同寻常的价值与意义；之所以是“遗”，是因为它是祖祖辈辈经受时空考验后遗留下来的文化与精神。

研究初期，被质疑便成了常事，唯独学生们愿意跟随，而后有了“成就学生等于成就自己”的中心思想，所以这些年，几乎把所有的精力都投放在与学生共同研究“非遗”当中，忘却了疲惫，进入无我的状态。我们尝试参与不同类型的比赛，来探究非遗品牌视觉设计的高度和深度。我们也承认，一开始我们的学生并不是设计专业的，但是就因为这样，他们的每一次突破和成功才倍加珍贵。当然，成绩不是我们的终极目标，能够全身心地享受研究的过程和五感被“非遗”触动后所辐射出来的灵气才是我们需要的东西。

周淑君

中共党员，佛山人，硕士研究生，毕业于广州美术学院，现为顺德职业技术学院专任教师。研究方向：非物质文化遗产、品牌视觉设计等。

前言：

本书作者周淑君承担的课程是“会展设计（品牌标志方向）”，她的教学对象是文科大专生。

如何把缺少美术基本功训练的文科生带入视觉语言训练范畴，展开标志设计，是她所要面对的实际问题。

周淑君把佛山地区的非物质文化遗产作为实操课题是一个聪明的做法。首先，这些非物质文化遗产通过评定，其本身就是一个视觉艺术的成果，而让文科大专生通过深入非遗的产生地进行实地采访，分析特色，撰写生长经历，进而从这些非物质文化遗产的基础面貌形态中提取元素（包括色彩），加上简洁易记的传播要素设计把握，传统犹如插上了现代的翅膀，原汁原味变得鲜活起来。这样的图形训练有根，有出处，有故事，有传承，有依据，有哲理，最后实现有效记忆。

我们的教育是为民族振兴服务的，我们培养的设计人才内心要有定力，这个定力是民族魂。周淑君的教学训练培养的是对民族魂的理解，表达的是视觉符号认知。她从教学地域的生长环境中选择素材作训练，让这些作业不仅有实地调查、文字描写，还有图形的收集、归纳、提取和塑造，让认知演变为知识和力量，变成便于记忆的特色符号传达出来。

图形的传达性与识别相关，假如它缺少自身的传承性，缺少判断依据，就没有自身特色，那样的大众脸谱缺少记忆度，缺少自身味道。教中国学生学习图形，从自身的非物质文化遗产品牌标志设计开始是一个有效的方法，同学们可以从文字描述开始，从大地文化中吸取灵感和视觉依据，从中追寻原汁原味和简洁易记。

通过对非物质文化遗产品牌标志的设计实践，让学生对自己的文化和生长的那片土地有更加深刻的了解，这对建立深厚的民族情感起到积极的推动作用。我们的教育要为文化自信作出努力，厚德载物就是指要学习大地的德性，无私孕育、给予和承载万物，文化是人类在改造世界的社会实践中所获得的财富，我们从非物质文化遗产中提取设计元素为非遗品牌展开标志设计，能让传播具有自身味道，让设计有根，让教学产生力量。

胡川妮教授
2019 年 3 月

目录

第1章　非物质文化遗产传承及传播概述

1.1　非物质文化遗产传承与传播的历史与现状

中国的“非物质文化遗产”元年，是从2001年昆曲成功入选联合国“人类口头和非物质遗产代表作”名录算起的，2019年已是第19个年头，进入各级非物质文化遗产代表性项目名录的非物质文化遗产多达10万项。2004年8月，全国人大常委会批准于2003年10月17日在第32届联合国教科文组织大会上通过的《保护非物质文化遗产公约》（以下简称《公约》），中国成为第六个加入《公约》的国家。2005年3月26日，国务院下发了《国务院办公厅关于加强我国非物质文化遗产保护工作的意见》（国办发〔2005〕18号）。2005年12月22日，国务院下发了《国务院关于加强文化遗产保护的通知》（国发〔2005〕42号）。2006年5月20日，国务院公布了《国务院关于公布第一批国家级非物质文化遗产名录的通知》（国发〔2006〕18号）。2006年6月，中国成为非物质文化遗产保护缔约国成员，被选为首届政府间委员会成员。2011 年 2 月 25 日第十一届全国人民代表大会常务委员会第十九次会议通过《中华人民共和国非物质文化遗产法》。（第四章第二十八条，国家鼓励和支持开展非物质文化遗产代表性项目的传承、传播。第三十三条，国家鼓励开展与非物质文化遗产有关的科学技术研究和非物质文化遗产保护、保存方法研究，鼓励开展非物质文化遗产的记录和非物质文化遗产代表性项目的整理、出版等活动。）2017 年 3 月，国务院办公厅转发了文化部、工业和信息化部、财政部共同颁发的《中国传统工艺振兴计划》，以国家级非物质文化遗产代表性项目名录为基础，建立国家传统工艺振兴名录。 2018 年 10 月 22 日至 25 日，习近平总书记在广东考察强调，城市规划和建设要高度重视历史文化保护，不急功近利，不大拆大建。要突出地方特色，注重人居环境改善，更多采用微改造这种“绣花”功夫，注重文明传承、文化延续，让城市留下记忆，让人们记住乡愁。

2008 年 2 月至 2010 年 7 月作者亲自对佛山市非物质文化遗产的传承人、专家、教练、裁判、队员、学员进行访问，并展开了问卷调查。2010 年 8 月至今近 9 年时间作者指导近两千名学生对数十种佛山非物质文化遗产开展实地考察，接触了不少传承人，保留了第一手的笔录、音频和视频。从中，我们发现近年来佛山通过文化遗产保护宣传月、非物质文化遗产十件大事评选、非物质文化遗产讲座及研讨会、非物质文化遗产项目展演等活动，大力推动非物质文化遗产的传承与传播。不少非物质文化遗产项目也在紧跟时代发展的步伐中不断刷新曝光率。如非物质文化遗产已经不局限于“世界狮王争霸赛”等自我表现的方式来彰显魅力，还成为不少 IP 的核心元素。还有佛山木版年画、西樵大饼等传承人也相继与我们的课题组约稿。一些如伦教糕传承人欢姐等传承人也逐步意识到品牌视觉设计的重要性。

1.2 非物质文化遗产传承与传播的问题

《民族文化传播理论描述》提到，现代传播理论起源于宣传理论，关注的是大众传播媒体对信息的传递与系统控制，却忽略了人类文化活动中的重要任务——文化传承。所以本着对非物质文化遗产“保护为主、抢救第一、合理利用、传承发展”的原则，各级政府建立了保护机制机构和人才队伍，细致普查，认真申报，开展特色保护活动，注重对外交流，让文化底蕴彰显在各种大型文艺活动中。但是随着全球化趋势的加强和现代化进程的加快，我国的文化生态发生巨大变化，非物质文化遗产受到越来越大的冲击，一些依靠口传心授和行为传承的文化遗产正在不断消失，许多传统技艺濒临消亡，大量有历史、文化价值的珍贵实物与资料遭到毁弃或流失境外，随着滥用、过度开发非物质文化遗产的现象时有发生，加强我国非物质文化遗产的保护已刻不容缓，这就势必要求首先对非物质文化遗产进行全面而深入的了解和研究。

在完成《“好一个凤城”顺德传统文化展览》等多个非物质文化遗产横向课题的实践中，我们发现有部分非物质文化遗产传承人无视发展和传播的力量，他们厌烦媒体的采访，安于现状，思维过于守旧，传承过程中也出现了不少代沟等问题。我们曾因老一辈传承人反对新生代传承人把过多的精力投入到品牌视觉设计上而被拒之门外，他们认为本分工作才是最重要的，所以说服类似于他们的传承人去相信品牌视觉设计能够帮助非物质文化遗产发展成为至关重要的事情。

第 2 章　非物质文化遗产与品牌视觉设计的共性

2.1　非物质文化遗产与品牌视觉设计都具有文化先进性

哈佛大学人类进化生物学系教授，加拿大人类进化与文化研究领域的“国家首席教授”[美]约瑟夫·亨里奇，在他的《人类成功统治地球的秘密》一书中，帮我们揭开了人类基因和生物特征与文化演进之间的关系的秘密。追溯到250万年前，即人类文化的基本要素产生的时期，文化与文化演进，是为了学习别人而在遗传演进中带来的心理适应结果。也就是说，通过自然选择，大脑塑造出一种学习别人能力的基因。这种基因使得文化演进成为一直驱动着人类遗传演进的核心力量。当遗传演进适应于有价值的文化信息时，我们的许多认知能力和见解才有意义。这样看来非物质文化遗产作为一种涵养社会主义核心价值观的重要资源之一，不是滞后于现代文明，而是时代前进的号角，驱动着人类文明的进步，代表着一个时代的风貌，引领着一个时代的风气。

接着上面的思路，去探究品牌，就会发现，没有人类活动的存在，就不会有品牌。所以我们不难理解保罗·菲尔德威克所提出的，品牌集结了消费者内心的所有感受。所以品牌一直在致力于通过存在于人类与品牌之间的互动来创造记忆，塑造品牌灵魂。伊曼努尔·康德进一步指出："越强大的品牌，越能取得大众信任；而人与人之间的信任程度越高，整个社会的信任结构才会更加紧密。"可见，建立品牌是一个具有使命感和社会责任的任务。这个任务同样不独立于某一品牌、某一时期、某一空间，因为品牌化就是持续地以意义和信守承诺来填满品牌价值的行为。所以品牌也基于文化演进，有着与非物质文化遗产同样的人文价值。

2.2 非物质文化遗产与品牌视觉设计都具有符号特征

哲学创始人、著名的德国学者卡西尔在《人论》中曾明确指出，人是符号的动物。也就是说，人类通过符号进行各类活动，包括非物质文化遗产的传播和品牌视觉设计。但这里要注意的是，符号不同于它所代表的事物，它是独立于指示物而存在的。另外，符号具有储存和传递意义的功能。这一点也说明了非物质文化遗产之所以称为遗产，是因为它经得起时间的考验，本体不断创新，意义不断叠加，继而成为一个语义丰富的文化象征体，反映着先民的符号意识，表达着他们对生活的理想和信仰，从而具有了符号学上的意义，最后成为引领人类前进的优秀传统文化的遗产。由此见得，非物质文化遗产之所以能代代相传是缘于其自带的符号运动，同时，蕴含着人类重要的精神价值。

《文化人类学（第十版）》关于视觉艺术的观点，即基于视觉艺术有助于增强一个社会的凝聚力，所以它可以帮助人类学家洞悉一个民族的世界观。这清晰地表明视觉艺术是形式的符号表现与构成创造性想象力的情感表达的结合。也就是说，这种人类符号化能力和创造性想象力表达了文化价值和人文关怀。同样，具有符号化特征的品牌视觉设计以视觉化的形式承载符号的内在价值与意义。

非物质文化遗产能够丰富地域品牌的内涵，使其区别于其他品牌。品牌塑造一方面可以提炼非物质文化遗产的精髓作为大创意概念，以达到丰富品牌内涵的目的；另一方面可以借用非物质文化遗产中一些特有的符号来表现某种观念和意蕴。而且，品牌塑造还可以利用非物质文化遗产所具有的魅力、号召力来吸引受众。

2.3 非物质文化遗产与品牌视觉设计都具有时空意义

约瑟夫·亨里奇讲述了在人类漫长的进化史中，积累的文化演进创造了一个充满了适应性工具、技术和专门知识的丰富的文化世界。这么一来，我们便理解非物质文化遗产的产生和它存在的形式，即非个体单一存在，而应该以文化空间或者文化世界呈现。时空是文化的容器，也是非物质文化遗产各项表现形式的画布或舞台。所有非物质文化遗产，都在时间与空间两个维度上延续、演进，时空体系为其存在提供了物理支撑。非物质文化遗产的传播，是某一时空（源时空）的行为景象在另一时空（目的时空）的“搬演”（再现），或者可以看成是“时空再造”：通过对时间、地点的选择和对行为模式的模仿，构建类似的时空场景，再造一个有着相同意义的时空。“为了占有文化的世界，我们必须不断地靠历史的回忆来夺回它。”

《品牌物理学》指出，理论上，只要品牌经常在时空中与大众产生交集，即可永久流传下去。这个交集我们就可以借用非物质文化遗产的认同感。因为非物质文化遗产就是最有认同感的文化 ，有认同感就能打动人心，就能改变人们的行为，改变生活方式，变成品牌追求的理想。

第 3 章　非物质文化遗产与品牌视觉设计的相互作用

3.1　以品牌视觉设计传播非物质文化遗产

借用品牌视觉设计这一创新手段，把传承变成创新的传承。文化自信是更基础、更广泛、更深厚的自信。传统文化，尤其是非物质文化遗产，是我们民族的“根”和“魂”。陈先达教授著的《文化自信中的传统与当代》一书中提到，“中国传统文化是我们的民族文化之根，应该向世界介绍和推广中国传统文化。”

早在 2003 年 10 月联合国教科文组织通过的《保护非物质文化遗产公约》中就已经提到，“传播既是保护的‘因’，也是保护的‘果’。”因此对于非物质文化遗产的宣传、弘扬等需要传播类的学科共同参与。王立群教授在 2016 年的《传承者》节目中谈及，“中国人讲究意象，意是主观，讲的是情和理；象是客观的，讲的是形和象。”今天我们讲的非物质文化遗产就是意，品牌视觉设计就是象，我们试图从象出意，以形求美。

纵观国内外著名设计，都离不开文化的滋养。因为设计方法可以复制，文化不可以。视觉作为认知过程和思维活动，主要表现在视觉过程中对非物质文化遗产的视觉形态的主动理解，表现在对蕴藏在非物质文化遗产视觉形态背后的自然、文化意义的理解，成为让非物质文化遗产鲜活起来的有力方法。

《广东省非物质文化遗产条例》第三章第四十条，鼓励和支持社会团体、研究机构、大专院校参与与非物质文化遗产有关的科学技术研究和非物质文化遗产保护方法研究。十多年来，我们坚持每年组织学生开展关于非物质文化遗产课题的调研和品牌视觉设计，不但增强了一代代年轻人的文化自信，还让这群年轻人获得国家级和省级奖项 120 项。其中国家级 76 项，省级 44 项。涉及非物质文化遗产项目 39 项，包括国家级项目粤剧、龙舟说唱、剪纸、木版年画、石湾陶塑、香云纱染整技艺等，省级项目九江双蒸酒酿制技艺、粤绣等，区县级项目关帝诞等。这一切证明了，通过品牌视觉设计传播非物质文化遗产，既可检验基于文化自信的非物质文化遗产品牌视觉设计的可操作性，又可以加大社会的认知度。

3.2 品牌视觉设计向非物质文化遗产提取符号

把创新变成有传承的创新。品牌应该从非物质文化遗产中汲取一些养分，才能与庞大的消费者建立更为牢固的情感纽带。非物质文化遗产能够带给人们一种可预测性和连续性的感觉，把我们和社会联系起来，从而使我们获得安全感、归属感，提高忠诚度。但品牌是无法测量、预测或者购买忠诚度的。品牌若要取得成功，必须在充满仪式感的前提下，供大家共同分享，来营造忠诚度。庆幸的是，我们可以从非物质文化遗产中提取符号。这种文化自带的文化自信和文化认同在品牌视觉设计中，不但能引起共鸣，还能体现中华文化大美之意境。

再者，即便视觉是五感之中最强大的感官，能够塑造品牌的第一印象，正如戴安萨弗拉斯基博士描述的一样："大脑和眼睛对图像反映的高效性及完整性，是历史上任何一种设备或者仪器所无法比拟的。"但是在这个遍地都是视觉冲击、视觉曝光过度的世界，视觉语言的力量逐渐削弱了。尤其是在云计算与新媒体时代，智能移动终端和社交媒体蓬勃发展，传播的主导权又在不断地回归大众，使得信息传播渠道正发生颠覆性的巨变。其他的感官越来越成为品牌高效的“附加元素”。没有一个品牌能够满足五种感官的诉求，但非物质文化遗产可以。研究非物质文化遗产的无形性，不难发现其具备多感官体验，即除视听外，还含括嗅觉、味觉、触觉及情感体验等多个领域。

我们可以通过非物质文化遗产的元素、样式、秩序三个层面来体现其形态的内在结构关系，以此把握认识形态与创造形态的规律和方法，也从中寻找符合非物质文化遗产审美价值取向的视觉感知技巧。而这些规律、方法、技巧同样可以运用到商业品牌设计中，因为优秀的品牌和非物质文化遗产一样，都是代代相传。

第 4 章　非物质文化遗产品牌视觉设计的重要意义

4.1　增强文化自信，促进文化的传承与发展

十九大报告强调，要坚定文化自信，推动社会主义文化繁荣兴盛。没有高度的文化自信，没有文化的繁荣兴盛，就没有中华民族的伟大复兴。这无疑将文化提升到了一个前所未有的高度，表明了党中央对文化繁荣发展的高度重视。教育作为文化的传承者，树立学生的文化自信是教书育人的首要任务。

党的十八大以来，党中央对传统文化和文化自信都做出了重要指示，提出“中华传统文化是我们的精神家园”，“中华传统文化是我们民族的‘根’和‘魂’”。还提出“文化自信，是更基础、更广泛、更深厚的自信”。另外还提出弘扬中华优秀传统文化，“要处理好继承和创造性发展的关系，重点做好创造性转化和创新性发展”。其中，文化自信是指一个国家、民族或政党等文化主体对自

身文化理想和文化价值的高度肯定，对自身文化生命力和创造力的高度信心，并相信自身文化能够激励本民族、社会和国家不断前行。

习近平总书记指出：“文化是一个国家、一个民族的灵魂。”文化是塑造国家形象的核心和灵魂，文化自信是展现国家形象的前提和基础。塑造、展现和传播新时代的中国形象，应当将文化作为重要考量，不断提升中国国家形象的文化含量，充分发挥文化自信在展现中国形象中的作用。

非物质文化遗产作为传统文化的佼佼者，体现着中华民族世世代代在生产中形成和传承的世界观、人生观、价值观、审美观等。其中最核心的内容已经成为最基本的文化基因。关于文化基因，在《非物质文化遗产展示与传播前沿》中说到，非物质文化遗产所涵盖的人类无形文化创造呈现类似于 DNA 的双螺旋结构。它的两条主链分别是非物质文化遗产本体相对稳定的传承形态和非物质文化遗产在跨时空传播中提取、融合、变异的衍生形态。如西樵大饼的包装设计，将原来整饼一袋式包装重新设计成分块三角形小盒包装，多个小包装又能组合成一个圆形大包装，方便食用的同时，还在包装上附加了本土文化的小插画。

这样的创新正是来源于中华民族对其非物质文化遗产的文化自信。

这种创新是通过分析非物质文化遗产视觉形态的结构关系，把握非物质文化遗产视觉形态的内部系统，提炼非物质文化遗产视觉形态独有的表现语言，形成对非物质文化遗产视觉形态的认识与传播，不但有利于非物质文化遗产的传承与发展、沉淀与创新，还有利于品牌视觉设计的发展。这种保持中国传统文化滚滚向前的机制，正是习近平总书记提出的马克思主义为指导的创造性转化和创新性发展。

4.2 为商业品牌视觉设计提供新方向

我们常说品牌视觉设计，但要给出确切概念的时候，就会变得模棱两可。这缘于过去我们仅仅把品牌视觉设计局限在企业形象设计中，或者直接将其视为简单的视觉设计，失去品牌领导和设计灵魂。

要知道品牌也有跟非物质文化遗产一样的 DNA。品牌 DNA 包括品牌核心价值、品牌个性和品牌形象。延伸到品牌视觉设计上主要是指品牌视觉体系中的标识、图形、色彩等，还有品牌文化、价值、理念，以及产品的造型、图案、色彩、包装等 DNA 元素的提炼与应用。跨界创新品牌 DNA 元素设计，不但为商业品牌视觉设计提供新方向，还能构建非物质文化遗产品牌新形象。

第5章　非物质文化遗产品牌视觉设计的教学法

5.1　基础理论搭建阶段

学习品牌形象视觉设计首先要理解品牌的概念和品牌形象视觉系统的架构。针对会展专业的学生，过多的术语只会让他们头昏脑涨，止步于概念的学习。然而抛弃概念的讲解，又会让他们停留在肤浅的品牌认识上。于是，课程建立起深入浅出、化繁为简，从身边事物着手的教学方法，优化品牌与人的关系模型，使用人类对本我认识的理解去比喻品牌的各要素，如用人脸比喻标志。大一新生见面，人脸先入为主，即便记不住名字，第二次见面的时候，通过简单的人脸就能迅速地辨认出自己班的同学。就如同满巷子的品牌，人们一眼就能认出星巴克来。这样一来，学生就能轻松地理解标志的作用，以及标志在品牌形象视觉识别设计系统中的重要地位，还能摒弃过去关于标志即品牌的错误理解。

再者，根据雅各阶梯原理，品牌信号会被传送到人们的感官上，两者一旦对上，就会产生难忘时刻，即品牌记忆。也就是说，人类的每个感官都能帮助建立品牌知名度。这证明了人们不仅可以通过品牌外在的形态去捕捉和理解品牌各要素的关系，还可以通过五感加深对品牌的理解。所以课程在搭建品牌形象视觉设计系统的时候，为方便学生的感性认知，增加了五感识别，即视觉识别、听觉识别、嗅觉识别、味觉识别和触觉识别。同时，为强化品牌领导的作用，将品牌形象设计系统重新划分为企业识别设计系统、产品识别设计系统和空间识别设计系统。

5.2 实地调研阶段

实地调研是指导学生设计的重要前提。在开展实地调研之前，首先要组队。一方面是为了出行安全，另一方面考虑到学生在创作时难以独自完成课程的全部学习内容，需要利用团队合作来增强他们的实力。组队要求每个小组不多于 3 名成员，设 1 名总监、1 名美术指导（人数不足时，职位可空缺）。总监负责整个小组的统筹工作，美术指导负责小组的美术指导工作，小组其他成员负责监督工作。待工作完成，团队集体评议，若无异议，总监期末总分加 10 分，美术指导加 8 分。

同时，课程作业将以任务单的形式向学生下达。任务一（课程共计 8 个任务）要求学生登录广东省文化馆官网的非遗中心（http://www.gdsqyg.com/agdfyzg/minglu），详细了解名录项目列表中各项非遗，再选定一种带有文化记忆的家乡非物质文化遗产作为小组课题。课程采取激励机制，鼓励学生走进传承地，采访传承人，寻找非遗项目中最让人自信的那一部分，或者是最具文化认同感的那一点，从而挖掘出文化的核心价值，为下一阶段的品牌定位服务。

在教学上帮助学生区分设计调研和常规调研。常规调研趋于烦琐复杂，不利于设计的进程。而设计调研则相对简洁，只针对设计需求展开。主要的调研内容有文化价值、主视觉元素和色彩的调研。文化价值的调研是为品牌定位服务的，建议以定语的形式呈现，但避免使用类似于“传承”“创新”这类较为笼统的词语，可参考“吉祥”“和谐”“优雅”等概念词。如均安关帝诞的文化价值有安定和忠义，安定源于均安名字的由来，即均安人自古就有追求安居乐业的愿景；忠义则是关帝精神的核心价值。主视觉元素和色彩采集应该以照片的形式呈现，以便于后期视觉素材的提取和设计的反思。此阶段要求学生完成任务二，提交有别于常规调研报告的创意简报，内容包括下一阶段将会提到的大创意概念、目标受众、品牌价值以及设计所应呈现的风格、色彩搭配、背景资料等。

5.3 大创意概念的提取阶段

大创意概念提取的精准度决定着整个选题创作的成效，且考虑到非艺术类学生理解能力和分析社科问题的能力比较强，设定本阶段为课程教育的亮点环节。首先，大创意概念是引自美国《当代广告学》对“寻找大创意，完成大创意”任务的阐述。大创意是建立在战略之上的大胆而又富于首创精神的创意。而寻找大创意是指寻找关键的文字或视觉概念来传播要说明的内容，其目的就是实现品牌的定位。在课堂训练时，要求学生从上一阶段总结出来的多个定位词中，筛选出一个最具代表性的概念词作为大创意概念，并以这一大创意概念为核心，引发头脑风暴。如南风古灶品牌视觉设计的概念词为“淘气”，“淘气”汇聚陶都、陶塑、陶醉之“淘”，禅气、艺术气息、生活气息之“气”，与“陶器”同音。

另外，头脑风暴需要学生展开一系列天马行空的文字搭建和二次重绘。这些步骤对于艺术生来说也许是一件轻而易举的事情，但是对于相对保守的非艺术类学生来说，天马行空却是一件难办的事。因为大多数情况下，他们要为大创意概念延伸出来的所有词语赋予充足的理由或者是逻辑关系，从而制约了他们前进的步伐。因此，针对学生的这一问题，研究出精致化与个性化的组合方法，来帮助学生寻找创意元素。精致化即借助大数据，寻找较为科学和理性的元素。个性化即通过头脑风暴法寻找感性部分的元素。两者综合筛选，既让学生操作起来得心应手，又让课题的设计有理有据。

此阶段要求学生完成的任务三，除了头脑风暴练习以外，还有创意加法。创意加法就是把多个闪光点相加起来的方法，既可以用文字表达理念的关联性，也可以用图形的形式寻找解构与重构的可能。继续以均安关帝诞的标志设计为例，基于安定和忠义的大创意概念，通过精致化和个性化组合操作，得出繁体“關”字、赤脸绿袍的关帝形象、蕴含安居乐业的均安古民居（镬耳屋）与独具岭南特色的满洲窗的创意加法。

5.4 标志设计与制作阶段

设计与制作阶段是在大创意的指引下，以创意加法为辅助，进行包括且不仅包括基础系统设计、应用系统设计、手册编辑等内容。其中标志、标准字、标准色是整个品牌形象视觉设计的核心要素，都属于基础系统部分的内容。但由于标志的地位特殊，决定着整体设计的风格与基调，所以无论在课堂教学中，还是在本书的撰写中，都会把标志设计与制作单独列出来进行讲解。

本阶段的学时占总学时的三分之一以上，包括图形设计、文字设计和色彩搭配三个阶段。其中，图形设计阶段要求学生借助创意加法，将从调研得来的符合大创意概念的且具有文化意蕴和图形特征的视觉元素进行几何重构。鉴于非艺术类学生缺乏三大构成的应用能力，以及平时缺少对设计的关注与理解，审美水平更远不及艺术生，任务四首先利用学生的感性特征，要求学生从网络上筛选出至少 5 个能打动自己的大师级别的标志设计榜样，然后必须使用自己的语言汇报被打动的原因，同时进行构成分析。又为了避免学生将标志设计绘制成图画形式，还要求学生进行关于图形设计与绘画图案的辨析练习。只有经过上述练习的铺垫，学生的标志创作才能有效进行。当然，标志的创作也需要经过量变到质变的过程，即需要多次运用创意加法，将不同的闪光点进行多维度的叠加练习，所以学生至少要手绘 15 个标志的草图，再由教师把关，选定标志设计方案，方可进入任务五。

任务五是标志电脑稿的制作（AI 格式，A4 版面）。此任务需要学生学会控制视觉元素的比例关系，这对于视觉传达刚入门的学生来说并非易事，需要借助工具的帮忙。所以课程中导入数学家莫伦的完美矩形，要求学生首先要按照黄金比例关系绘制好构造线，方能进行电脑稿的绘制。

至于标志的字体部分和色彩的搭配，会与标准字和标准色一起学习，来减轻学生的设计负担。标志的字体部分会建议学生到字体网站上寻找风格和形式较为接近的字体进行字形优化。而色彩搭配方面，课程会提供多个色彩搭配的官方网站以便学生进行标志的配色。如 color hunter 配色网站（http://www.colorhunter.com）就可以直接导入调研照片，系统自动生成最精确的配色方案。

5.5 系统设计与制作阶段

系统设计与制作阶段主要包括基础系统部分和应用系统部分。同上，为了辅助学生对系统部分的理解，要求学生完成任务六——收集三套以上榜样作品作为设计方法和设计原则的参考案例，再来制订基础系统的各要素。但历年的教学发现，不少的学生会把系统部分的设计理解为标志的简单贴图，或是直接置换榜样作品的标志部分，更有甚者，直接忽略基础系统的存在，造成了标志乱张贴、系统无章法等问题。因此，在教学过程中需要强调基础系统的重要性，它是连接标志和应用系统的重要桥梁，起着承上启下的作用。要知道，由基础系统所生成的设计规范，能使应用系统有据可依，达到风格统一，系统规范，易于识别，运用有效。所以必须先完成任务六的基础系统设计，才能胜任任务七的应用系统设计。

任务七需要运用形式法则进行应用系统的设计，而非机械贴图。可以说，品牌形象视觉设计是一门综合性很强的设计课程，尤其体现在应用系统部分，它涉及广告设计、包装设计、服装设计、展示设计等从二维到三维的多元设计。该任务对于一个仅仅了解一点设计知识的非艺术类学生来说，基本上是不可能实现的事情。所以，学生需要运用他们的社科识别力和感性认知力，在已有的空白模板或者样机图中进行创作，并由教师在设计的关键处给予重点的辅导。需要注意的是，此阶段还涉及 AI 格式或 CDR 格式的 VI 空白模板，又或者是 PS 格式的样机图等不同格式的操作模式，常发现对软件不熟悉的学生乱套格式使用，因此需要向学生多讲解不同格式模板的使用规范和特点。

5.6 手册编辑阶段

上文提及品牌形象视觉设计是一门综合的设计课程，本阶段任务八的手册编辑又涉及设计类的另一个课程的内容——书籍的版式设计。常见的问题是，学生常会直接套用 PPT 的模板进行设计置换，更有甚者，直接罗列完系统设计的内容就当作是手册的编辑了。所以，为了避免这些问题的出现，此阶段需要跟学生讲解手册编辑的层次关系和页眉页脚的设计要求。但实际的情况是，学生难以通过宏观的讲解来琢磨版式设计，更多的情况是，需要教师细化到具体每一个细节的规范，包括字体的大小、图片的像素设定等。这就是辅导非艺术类学生与艺术生最大的不同，不但需要深入浅出地讲授理论知识，还需要手把手地进行实操辅导，才能使学生设计出好的作品来。

另外，为减少学生到输出公司输出 A4 版面 157g 纸质版的品牌形象视觉设计手册时的错误，还要细心指导他们如何保存文件。如使用 AI 软件制作手册需要事先创建轮廓，使用 CDR 软件制作手册则需要转曲，以及需要叮嘱他们导出 JPG 格式或者 PDF 格式的册子来方便对稿。至于 H5 移动终端手册的制作则属于扩充内容，列入加分项，目的在于鼓励学生与时代接轨，同时，H5 格式也有利于平时的翻阅和与客户的沟通。

第 6 章　非物质文化遗产品牌视觉设计的教学践行

6.1　实地调研

6.1.1　实地调研实例

◁ 周淑君摄

传统舞蹈

狮舞调研

采访时间：2008 年 2 月 27 日

采访地点：西樵

采访者：周淑君

受访者：

关　祥（佛山市南海区西樵镇地方志办公室老师）

冯　植（佛山市南海区作家）

黎三牛（佛山市南海区西樵镇文学艺术界联合会主席）

任文仓（佛山市南海区西樵镇宣传办主任）

胡应培（中国龙狮运动协会国际级裁判，佛山市南海区西樵镇龙狮运动协会会长）

梁光泰（中国龙狮运动协会国家级裁判、教练，佛山市南海区西樵镇龙狮运动协会常务副会长）

问： 南狮始于何时何地?

答: 1. 狮子舞传入中国的路线: 非洲—中东—新疆—中原—岭南。2. 舞狮习俗：狮子舞传说是一千多年前（与龙舟同一时期）从西域通过丝绸之路传入中国（洛阳—江南），起初作为文体娱乐。3. 南海是南狮演进的发源地（故乡）。明末清初有南狮，清康熙时期成“狮头行”，乾隆年间为最盛，扎作狮头，绣制狮被。南海人扎作的狮头，采用既夸张又浪漫的表现手法。4. 历史上南狮是由唐代宫廷狮子舞脱胎而来。五代十国之后，随着中原移民的南迁，舞狮文化传入岭南地区。明代时，醒狮在广东出现，起源于南海。现流传于广东、广西及东南亚各国华侨中间；在广东境内主要分布在佛山、遂溪、广州等县市及珠江三角洲。5.“狮子舞”分类：广东——“醒狮”；江西——“手摇狮”“板凳狮”；福建——“抽狮”；安徽——“青狮”；湖南——“武打狮”；四川——“高台狮子”；河北——“双狮”。

问： 南狮的故里被定为南海（西樵）的依据是什么?

答： 民国期间，黄飞鸿在香港出狮，那智慧采高青的一幕，动人心魄的表演，奠定了南狮的故里就是黄飞鸿的家乡西樵。（敢华路升平商场古锈街）

问： 南狮的颜色有什么特点?

答： 狮头：黑色——张飞；红色——关公；老虎面；二花面……

狮体：七彩狮（色彩艳丽，白眉红须）——狮母；黑白狮（青鼻铁角牙刷须，挂满绒球，贴满铜镜，光彩照人）——狮王。

问： 南狮的套路有什么特点?

答： 动作：多以南拳马步为主，“睁眼”“洗须”“舔身”“抖毛”“睡狮”“出洞”“采青”“吃青”“醉青”等。

主要套路：“采青”“高台饮水”“狮子吐球”“踩梅花桩”等。采青有采高青、采水青、采地青、采河青、采椰青、采凳青等。采青是醒狮的精髓，而桩狮被誉为“中华一绝”。

问：南狮展现怎样的精神风貌?

答：全民健身，锻炼意志及吃苦精神。

问：南狮的象征意义是什么?

答：民间和佛界都称狮为瑞兽，象征吉祥，能辟邪除魔，从而在舞狮活动中寄托着民众消灾除害、求吉纳福的美好意愿。

问：南狮与北狮是什么时候分家的?

答：南狮是北狮传入南方后，根据当地生活习俗等进行改造而来。优点在于不守旧，受孔夫子学说影响少；面向大海，心胸广阔，敢为人先。

问：南狮与北狮的关系与区别?

答：关系：先有北狮，再通过中原传到南方后改良成南狮。改良（个子小，额高，没有将军牙）的关键人物是百越族人。南海博物馆尚存距今已有5000年的佛山河道的鱿鱼岗石斧、骨针、渔猎生活工具(公元前8000年，延续4000年，旧石器时代末至新石器时代初)。汉人来广东，梅岭没开，只有两路。水路：运河—长江—灵渠—漓江—西江。陆路：南海—浙江—潮汕；唐代有了梅岭“梅关古道”。汉人与百越族同化，而不愿意同化的汉族则成为少数民族。南狮讲究神似，其形象多姿多彩，造型夸张。南狮具有较多的武功高难技巧，神态矫健凶猛、威武！北狮造型讲究形似，四脚着地，活像真狮。狮头狮被连成一体，并有狮子捆球领头。最早被推上舞台表演，表演内容多以嬉戏玩耍为主，娇憨可爱。

◁ 周淑君摄

采访时间：2008 年 8 月 25 日

采访方式：电话

采访者：周淑君

受访者：朱卫国（湛江市群众艺术馆馆长、市非物质文化遗产保护中心主任、中国民间艺术家协会会员、中国民俗文化研究会会员、广东省曲艺家协会副主席、湛江市政协委员、市对外友好协会理事、市龙狮运动协会副主席）

问：南狮之所以能够登上奥运舞台的重要原因和价值所在?

答：我们可以这么说，南狮文化是我们民间文化的主要内容之一。因为醒狮是一个狮艺文化，而狮艺文化在中国分为南北狮，长江以北叫作北狮，长江以南叫作南狮。南狮我们认为都是指来自佛山南海，因为当年黄飞鸿是来自南海，南海的狮子也就是南方的狮子。南狮也有几种解释，但是无论如何都是我们中国人的一种醒狮文化，已经有几百年甚至上千年的历史。对于整个历史来说，是从汉代通过引文引进来的，因为中国原来是没有狮子的。通过引进来，然后对这种狮子存有热衷，加上它是百兽之王，是一种至尊、正气、驱邪立福的象征，所以民间群众都喜欢舞狮，既增加节庆的氛围，又能够表达驱邪立福的意愿。在广东南狮作为一种传统普及面很广，也有很多优秀的团队。南狮的最大特点是通过狮艺文化来体现人的精神，是借助狮这种道具去体现一种人的精神面貌。我们的南狮从传统的登桩，过去的地上的舞狮，一直到杆上，十几年再发展到高桩，在技术上增加其难度，在搏击、竞技上增加其欣赏性和艺术性，最重要的是人对狮的驾驭，要狮子舞得好首先要人舞得好，人有了精神状态才能将其赋予狮子。狮子有一种灵气、大气、霸气。所以狮的表现实际上是人的精神面貌的表现。

问：为什么中国奥委会会对广东的南狮情有独钟?

答：我估计是三个方面。第一，过去中国人被外国人称为睡狮，拿破仑曾经说过，中国是一只很威猛的睡狮。这个狮子醒了以后就不得了了。那就说明了过去中国的狮是很有威望的。只是过去由于很多原因，狮并没有发挥它的威猛，今天它醒了，世人开始认识到中国就是一种雄狮，是屹立在世界东方的一座雄狮。通过民间艺术舞蹈去诠释，去彰显中国人的精神面貌，这是其中一个因素。第二个因素是狮是外来引进的。我们的奥林匹克精神就是要将中外文化融为一体，那么狮是最有代表性的。虽然它是外来引进，但是成为中国民间艺术的不可分离的重要组成部分。全世界都在舞狮，狮成为连接世界各地友谊的纽带，这也是舞狮的其中一个原因。第三，狮艺文化最能体现中国人的精神风貌，所以我们南方有好几支优秀团队，包括黄飞鸿队、东莞队。但我们湛江这支团队跟其他团队不同，他们来自农村，是一队农民子弟，这个村很大，有八千多人，他们的狮班很年轻，大多都是在校学生，他们大多数都有一定的光荣斗争传统。可以这么说，今天能够舞这个狮都是有他们的业绩，而不是说随便捉一支狮队就去表演的。他们拿了“山花奖”，“山花奖”是我们民间艺术的最高奖项，他们的跨度 3.7 米进入了上海吉尼斯世界纪录，再加上他们在国际国内出访了很多地方，包括法国、澳大利亚等，并在国际国内的大型比赛中获得金奖。

也同黄飞鸿队、邵庆队、东莞队、中山队等同台竞技，那么作为一支年轻的狮班，有一定的荣誉，有两项亮点，“山花奖”与“3.7 米”，这两点也就成就了这一次他们受到了中国奥委会专家的青睐和重视。他们是地地道道的农民团队，他们不是专业的，是民间性质的，民间性质能够体现这一次奥运会的“人文文化”。作为一个农民团队，能够登上奥运这个大舞台，展示我们优秀的传统的民间艺术，这个比起任何一个专业团队表演的意义更大，这就是选择他们的原因。虽然说这个表演仅仅只有三分钟，但是我们的表演是 50 头狮子，既有登桩，也有高桩，那么就把南狮的形、神、状、态和喜、怒、逗、趣，还有它的霸气、大气、灵气展现得淋漓尽致。其中霸气体现它是百兽之尊，大气体现在它的套路、难度、技巧和精神风貌，灵气则是体现在它的情感，因为它是由人舞出来的，带有人的情感、灵气。

问：请问湛江遂溪南狮的历史与现状是怎样的?

答：南狮是从汉代开始的，湛江南狮是始于唐宋，兴于明清，盛于现代。现代主要有了传媒等手段，有助于南狮的发展。但细说历史，始终是黄飞鸿狮队更有历史底蕴。虽然南狮早于黄飞鸿，但是是因为黄飞鸿南狮才发扬光大，而黄飞鸿更是最高水平的象征，他们的醒狮在明清已经很兴旺了。对于农民狮队，我们不得不承认他们相对缺乏视野和展示自我的平台。因此这次奥运会能让这支农民狮队得到一次很好的展现自我的机会，所以我们提出了自己的口号“奥运给湛江一个机会，湛江给世界一个精彩”，让世界不但感受到南狮的难度，也感受到南狮的威武。这也得益于政府领导的大力支持。另外，我们不可否认黄飞鸿狮队作为老大哥，他们有一流的技艺，能够把南狮的形与神表现得惟妙惟肖，但我们也不乏后劲，在学习黄飞鸿狮队的精华之余，也在各方面不断地创新，成为一支有创新能力的狮队。

问：据说朱馆长在非物质文化遗产的传播和发扬民间艺术，打造湛江本土文化品牌方面作出了重要贡献。因此针对这一方面请问朱馆长有什么心得与体会?

答：这是一个很大的题目，那么我就简单地谈一谈。非物质文化遗产可以说是近年联合国教科文组织的一个关注点。原来我们一向都不是称作“非遗”的，是叫作民族民间文化，后来为了跟国际接轨，统称为非物质文化遗产和物质文化遗产。国务院在 2005 年发了不少的文件，要求全国各省去普查和申报，确认我们当地的非物质文化遗产，那么非物质文化遗产作为一个新的项目，从 2005 年开始我们就进入这个工作了。非物质文化遗产主要是以无形的艺术传递为主，它跟物质文化遗产不一样，如黄山就属于物质文化遗产，我们广东开平的碉楼也属于物质文化遗产。非物质文化遗产是以传统艺术为主，包括工艺制作各方面。那么它需要做大量的工作，是一个长期的任务。这几年我们在湛江开展的成绩还是可以的，有 6 个项目入选国家级非物质文化遗产代表作名录，11 个项目入选省级非物质文化遗产代表作名录，15 个项目列入市级非物质文化遗产代表作名录，还有 6 个项目正在申报非物质文化遗产。那么现在主要碰到一些什么问题呢？第一，政府的资金投入依然有限，因为非物质文化遗产的关键是传承人，是一代传一代这样传承下去，传承人由于很多原因，特别是生老病死各方面，今年看见他了，明年他又不在了，政府今年没钱去干事情，等到下一年有钱了你已经做不到了，所以对非物质文化遗产很多当地政府不够重视，投入的资金很少。而非遗是一件很细致很规范的工作，它包括录音、录像、文字记录、图证等很多很细致的工作，整个申报工作是很麻烦的，项目普查、申报、确认也有一定的困难。第二是非遗的工作是社会性质的。它需要全民的关注和重视，单纯靠政府投入，几个文化人和几个专职干部是完全不够的。虽然“共建精神家园”是非遗口号， 但是在这一点上社会的关注、重视和氛围营造还是欠缺。第三个是如何去传承非遗工作，作为资金投入，你也知道它只是一个普查项目，确认以后也不一定等于传承和发展，所以它还需要一个具体的团队、一个环境、一个平台、一个多方面的渠道，那么，这个非遗就需要建立一些研究机构和培训机构。以上提到的都是目前非遗工作所遇到的困难。关键还是全民的关注，因为非遗的工作说实话不是说现在不做，晚点可以做的。它不同于建筑物，过两年我们还可以构建，一旦传承人不在，非遗就到此为止，画上句号了。这造成了我们今天工作上很多的困难。比如湛江，我们刚开始普查了一下，已经有一百多项非遗，其涉及面包括民间语言、民间曲艺、民间戏剧、民间武术、民间杂技、民间竞技等。这么多项目我们只是选择了其中几个选项，大量的工作由于我们的经费等各方面的原因无法继续下去，应该来说是一个损失。所以我们也知道这项工作不容易做，别人坐车不能坐霸王车，看电影需要买票才能进去，拍摄录像要找人来帮忙，没钱怎么行啊？没有买到器械怎能去照相啊？没有录音机怎样去录音啊？所以这一切需要的都是经费。另外一个，这项工作不单单是传承人的事，还要社会的普及，所以有一些项目我们已经进行了项目的普及了。例如，京剧进入了小学，不是说要求大家都来学京剧、唱京戏、演京戏，而是让大家感受这种传统文化，就是这个意思。所以我觉得非遗工作做起来很多，需要一些很专业的队伍。现在我们就缺乏这方面的内容，需要一定经费的保障，需要一个良好的社会氛围，还需要我们的政府和社会的关注，搭建这个平台。

周淑君摄

采访时间：2008 年 7 月 2 日

采访地点：番禺沙坑村体育馆内

采访者：周淑君

受访者：周镇隆（番禺沙坑村党支部书记，番禺沙坑村龙狮团团长，番禺沙坑村龙狮协会会长）

问：你们舞狮有什么特色？

答：原来舞地狮，现在上桥青、龙门青，最后搞到上桩，1997 年开始就上梅花桩。

问：这边是以舞狮子为主还是以舞龙为主？

答：两样都舞，我们这儿是“中国龙狮之乡”。

周淑君摄

问：是国家体育总局颁发下来的吗？

答：不是，是中国文联发给我们的。我们参加北京表演是文联邀请我们去的。胡锦涛还跟我们的演员握手，跟狮子点睛。

问：是什么时候？

答：2006 年 12 月在人民大会堂。我们近来最大的奖项是中华人民共和国文化和旅游部颁给我们的群星奖，刘、关、张三只狮子上桩。

问：你们平时有跟南海交流吗？

答：有。我们本来就属于南海本土人。1953 年国家兴建机场，我们就从现在的南海机场搬迁过来的。我们实质上是南海黄飞鸿的同乡人。南海是南狮在中国的发源地。我们作为南海人也要承传传统文化。我们一直以来也没有停止过的。1953 年搬迁过来一直都有表演的，规模大的是近十年来成立这个龙狮团。

问：南海在五一、十一都会举行比赛，你们会去参加吗？

答：他们的比赛我们很少去参加。如果他们邀请，我们有时候也会去。我们多数参加省级、国家级、世界级的赛事。

问：舞狮跟舞麒麟有什么不同啊？

答：舞麒麟主要是南沙那边，但现在也很少了。龙狮反而越来越发扬出去了。

问：您觉得南狮主要是要发扬什么精神啊？

答：南狮比较威猛。

问：您觉得南狮跟北狮有什么不同啊？

答：北狮的套路和锣鼓都不同。北狮一般都是精鼓精镲。我们南狮的锣鼓镲比较威猛、雄壮，打出它的喜怒哀乐，比较生动。

问：是不是这里的舞南狮跟南海、湛江的南狮差不多？

答：差不多。南海是发源地，湛江是后起之秀。湛江地区以前也有，但是近几年才有大发展。或是这边有教练过去教，或是他们派人在外面学习了，带回去教。

采访时间：2019 年 5 月 4 日

采访地点：佛山市顺德区杏坛镇龙潭龙母庙

采访者：黄桂波、陈丽萍、许佳佳

受访者：伍国昌

△

陈丽萍、许佳佳、伍国昌、黄桂波合影

传承人简介：

伍国昌，男，1992 年出生，学习广东醒狮 13 年，全国龙狮进校园骨干师资，国家二级社会体育指导员（龙狮），国家三级龙狮教练员、裁判员，国家武术段位四段。现任龙潭龙母庙龙狮团、龙潭影视协会负责人。主要从事广东醒狮教学、醒狮表演指导和醒狮比赛评判。常年奔赴于顺德区各大院校进行指导，如顺德职业技术学院、南方医科大学顺德校区、胡宝星职业技术学校等，以达到弘扬和发展醒狮这一传统文化的目的。

问： 南狮和北狮有什么区别？

答： 样子不一样，舞法不一样，南狮舞法以跳跃动作、加一点杂技去演绎出来，以武术框架去舞这个狮子，基本上没什么难度动作，就只有上肩脖、叠罗汉这些动作，没有北狮那么活泼和高难度，北狮武起来比较凶猛，狮子看起来很凶很精神。

问： 目前广东醒狮的发展趋势怎样？目前在醒狮的传承过程中有什么困难？

答： 广东醒狮发展这么多年，一共有三个方面：第一个是全职业；第二个是半职业；还有就是逢年过节才出来舞的。其发展趋势是比较好的，现在全世界只要有华人的地方基本就有醒狮，这个做得非常好。现在南狮也发展到北方去了，哈尔滨、青岛等其他外省地方也有南狮，大部分都是广东的人过去舞，北方的人也比较能接受的。现在传承醒狮文化，整个大体系最大的问题就是传承难，没人接班，现在的小孩不愿意去学这么辛苦的东西；还有就是场地问题，一般敲锣打鼓都会对当地居民造成影响，去到哪里别人都会赶，这两个就是传承难的主要问题。

△
现场采访照片

问：广东醒狮是不是有鹤装狮、佛装狮和传统狮之分？它们的区别在哪？现在主要的醒狮活动用的是哪一种狮？

答：广东醒狮有两种，就是佛装狮和鹤装狮，传统狮就是一开始做出来的佛装狮。现在主要的醒狮活动用的更多的是现代狮。因为审美和商业需要，现在的狮子都是比较现代化的，以可爱和活泼为主，不会像传统狮那么凶猛，也是大众普遍能接受的。佛装狮和鹤装狮的区别在于样子不同，尖爪也不同，眼睛、嘴巴都有区别，佛装狮是大嘴，鹤装狮是凸出来的；舞法也不同，佛装狮是大桥大马，很练功底的，鹤装狮是以猫步形式舞出来的，比较活泼一点。现在两种狮都常用，在庙会队伍里面，我们都是用传统狮来进行的。我们现在更多的是用现代狮来呈现在观众眼前，所以两种狮子都是非常普遍的。但是我们商演一般是不会用传统狮的，我们在庙会和自己人交流的时候会用到传统狮。

△
现场采访照片

问：广东醒狮的表演形式有哪些？人们更倾向于哪一种表演形式？

答：庙会、商演、晚会、巡演、活动开场、政府活动、结婚，大多与喜庆活动相关。人们更倾向于现代狮的高桩、难度方面观赏性较强的。

问：最能代表南狮的颜色有哪些？

答：传统狮分三种，刘、关、张，刘是白毛、花面、金黑；关是红面、黑毛、黑红；张是黑绿，而且不能整个都是绿的。

采访时间：2019 年 5 月 4 日

采访地点：广东省佛山市禅城区张槎莲塘龙狮训练基地

采访者：黄美英、罗泳佩、袁琬

受访者：陈汝安

陈汝安

传承人简介：

陈汝安，男，1972 年 10 月出生，现任广东省佛山市禅城区张槎莲塘龙狮训练基地队长。2013 年 5 月被评为第三批市级非物质文化遗产广东醒狮项目代表性传承人。80 年代，拜师于陈仕黎。在陈仕黎的精心指导下练得一身扎实的南国醒狮基本功。90 年代开始关注醒狮活动的发展并开始学习高桩狮。1998 年，在村集体的支持下，组队赴马来西亚云顶，参加“国际舞狮锦标赛”，获第七名。多次组队参加国内外的舞狮锦标赛，屡获殊荣。1999 年，莲塘狮队的 13 名队员参加佛山百头醒狮团，赴京参加“建国五十周年”大庆活动。2000 年，“长沙·世界之窗杯”第三届全国南北狮王争霸赛，获南狮组第六名；2001 年，“泰国总理杯”醒狮赛，获第四名；2002 年，中国江都（江苏）国际龙狮邀请赛，获第三名；2010 年，“中国·张槎杯”第八届粤桂港澳台狮王争霸赛，获高桩狮金奖。

问：醒狮文化传承问题有哪些？

答：醒狮就是听老前辈说，已经有两千多年的历史。但是，直到民国时才发展到鼎盛，形成一个学习系统。到了 80 年代更多人去练醒狮。之前是只限于民间（自家），直到 80 年代才有更多人去学习（接触）。现在就是有个难题，现在的本地人很少练醒狮，也有外地的人来练习，但最麻烦的就是没有本地人去学的话，就存在传承问题。虽然现在幼儿园、小学、中学都在推广，但是人真的很少。现在我们禅城区每年都举行中小学舞狮比赛，参加的队伍很多，但是本地队伍很少很少，可能到初中就不练了。

问：传承问题上，本地和外地有区别吗？

答：其实我们佛山是发源地——南狮的发源地，所以我们（传承人）肯定是集中在佛山这边，有外地人过来学，但是传承的话，还是会倾向于本地人来传承。但是现在没办法，本地人参与舞狮活动的太少太少了。（原因）是这个年代，二十来岁的都是独生子。第一个吃苦肯定不愿意，第二个是怕危险。

现场醒狮照片

问：师傅会教徒弟哪些招式？

答：其实南狮就是以南派武术为基础，所以就把基本的手法、基本的步型步法先教出去，再教一些高杆比较难的，然后就可以在传统的套路或者是基本的套路上创新。

问：不同的醒狮服饰有什么不同的意义吗？

答：其实舞狮里的狮子造型设计是从粤剧里演变出来的。明朝天地会被朝廷打压，便以粤剧的形式唤醒国民反清复明。为了响应，醒狮的服饰也从粤剧脸谱的基础上慢慢演变过来。我们最早就是刘、关、张——刘备、关羽、张飞，然后发展到五虎将。

问：你们的服装会根据不同的节日而有所不同吗？

答：现在没有区分了，以前有区分。以前"刘备"（醒狮）是不出来表演的。现在的颜色有粉红色、紫色。

问：醒狮队有什么意义（含义）？

答：以前是用来辟邪的，现在就不用来辟邪了。现在就是拉气氛，除了祠堂、电视节目、特定节日、祭神等有讲究。

△
现场舞狮照片

问：最能代表醒狮的符号是什么？

答：醒狮首先要说的不是威猛，而是礼貌、重情义、讲义气。

问：舞狮会有止戈的意思吗？

答：舞狮也是武术的一种。有一种说法就是清朝的时候，不允许汉人练习武术，是带着狮子在练基本工，南派武术要求马步，然后就盖着狮头去练腰桥马，手就叫作桥马。

大头佛调研

采访时间：2019 年 4 月 26 日

采访地点：佛山南海九江振兴武馆

采访者：周凤君、吴雨欣

受访者：潘永生、李应基、李应伦

吴雨欣、周凤君、李应伦、李应基、潘永生、邓佳毅、关志锋合影

传承人简介：

潘永生，振兴武馆馆长，20 多岁开始学习大头佛。

李应基，市级非物质文化遗产大头佛项目传承人，1991 年生，李应伦的弟弟，关辉洪的徒弟。由于关辉洪已移民出国，如今，传授大头佛技艺的重担就落在了李应伦、李应基的身上，兄弟二人现已提交申请材料，打算填补大头佛区级非遗传承人的空缺。

李应伦，1987 年生，李应基的哥哥，关辉洪的徒弟。2005 年开始接触大头佛，2009 年正式学习大头佛。

问：大头佛技艺除了要懂得周家拳还需要掌握什么?

潘：周家大头佛（周家祖师爷周彪拜学冯更长高徒伍凡所得）与功夫是不分家的，有功夫底子，四平马、吊马、麒麟步等步法不停转化。

问：大头佛有几种表演形式?

潘：传统套路有四种：日常生活，担锄耕田，拜四方，采灵芝遇狮子。现在有改编成舞台剧，其中也包含一些通俗易懂的道理。

问：大头佛的形象各异，是谁设计的?

基：我们的大头佛头套是自己设计的。在外面买的大头佛头套没有我们想要的样式，于是我们干脆定制一些半成品回来，自己重新设计。自己设计的大头佛头套更能表现出大头佛有功夫底子、有仙气的老者形象。

△

采访李应基

△

采访李应伦

采访时间：2019 年 4 月 29 日

采访地点：广州市番禺区新桥村周珠仔家

采访者：林文琪、邓燕钰

受访者：周珠仔

周珠仔

（照片来源：《广州日报》）

传承人简介：

周珠仔是番禺区新桥村的传统番禺醒狮艺人，非物质文化遗产的代表性传承人（武术、醒狮、大头佛），也是国家一级龙狮裁判员，广东精武会龙师团副团长，番禺区武术协会常务理事。他 10 岁开始学拳，打下了武术的基本功，后来又回到家乡学了蔡李佛拳、太极拳，由于资质较好，后又加入狮队学习大头佛和醒狮。现在已经七旬的他，依然活跃在南粤醒狮传承教学一线，以实际行动默默传承，让广东传统的醒狮文化薪火相传、威名远播。为此，他被评为 2016 年“番禺好人”、2017 年“羊城好乡贤”。

林文琪、周珠仔、邓燕钰合影

问：番禺的大头佛与九江的有什么区别？

答：番禺的大头佛有四个固定的套路，分别是和尚的起居生活（包括运动等）、和尚在寺院拜神上香、和尚采灵芝的动作和拿锄头耕田。

问：用几个词形容一下大头佛。

答：头大大，眼睛大大，嘴巴总是咧起来笑，脸颊两边有两个腮红，像小丑、武僧，丑化、快乐。

问：如何去传承大头佛？

答：首先是在部分小学授课，我现在在新桥的小学教一些学生，每周有固定的时间去教他们，这算是我将大头佛传承下去的一种初步的方式。还有一种是用梯度队伍的方法，大概就是进行分等级和年级教学和传承。

问：怎么将大头佛宣传推广出去？

答：现在我还一直去参加比赛或者参加表演，到各个地方进行表演，同时也有一些大型的活动邀请我去参加，例如亚运城和春晚，我认为这是宣传大头佛的一种有力的方式之一。也有一些记者过来采访我，所以会在电视或者报纸上出现我和大头佛的报道，就会让更多人看到。

问：大头佛的表演精髓或者特点是什么？

答：番禺的大头佛可以单独表演，不需要与舞狮联系在一起；不同的观众和时间长短会影响表演内容。它是以岭南武术作为基础，人物动作可以体现武术的一些步型、步术和腰桥。

问：大头佛的头套有什么不同？

答：大头佛的头套有四种类型，分别是老公公、和尚、娃娃、老婆婆。人物的不同性格使得人物的动作有所不同，老公公是稳重的，和尚是敏捷的，娃娃是活泼的，老婆婆是婀娜多姿的。

传统音乐

八音锣鼓调研

采访时间：2018 年 3 月 25 日

采访者：覃粤捷、钟晓君、罗梓贤

受访者：梁建德

周淑君摄

问：八音锣鼓柜的现状如何？

答：在杏坛高赞现存鸣盛桐台、和乐京楼、饰喜华庄和云门小榭四台八音锣鼓柜，均超过 200 年历史。

问：如何与学校合作传授八音锣鼓？

答：八音锣鼓 2017 年进驻杏坛梁銶琚中学，逢周五下午上课程班，因为传承八音锣鼓是我的责任，我亦很乐意去做，为了将八音锣鼓传承下去，苦与累在心中都是一种快乐，现看见成效了，我会更加努力地去做好传承工作。

传承人简介：

梁建德，国家级非物质文化遗产八音锣鼓区级传承人，杏坛镇八音锣鼓协会会长（在任有 15 年），曾先后获得广东省私伙局大赛金奖、全国吹歌节比赛优秀节目奖。2014 年代表广东参加"中国·邯郸永年吹歌艺术节邀请赛"获优秀奖，曲目《水乡古韵》。

采访时间：2019 年 4 月 27 日

采访地点：佛山市顺德区杏坛镇南华丰盛路

采访者：凌力烽、王海丽、洪璐

受访者：廖成娣（第四代传承人）

问：请问八音锣鼓这项文化艺术表演有多少年历史了？

答：从 1880 年开始吧，一直延续发展到现在。以前这个八音柜是用枝木做的，后来木质坏了，就将它（八音柜）砸了，后来用樟木按原来的模型比例进行翻新。还有另一个八音柜就比较新，是在 2016 年用禅木新做的。以前路不好走的时候，八音柜都是要抬的，很累很辛苦。但是现在不同了，到处都是平坦的道路，我们将八音柜装上了四个小轮子，可以拉着去巡演，轻松了许多。

问：表演八音锣鼓需要多少个人才能进行呢？

答：最少要五个人才行，击乐器都要三个人了，还有锣、鼓、钹等。

问：什么样的活动需要八音锣鼓演出呢？

答：喜庆的节目吧，过年、结婚的比较多吧，还有一些政府安排的文化演出之类的。

△ 凌力烽、洪璐、廖成娣、王海丽合影

问：有年轻人学习八音锣鼓吗？

答：有啊，我们有八音锣鼓社，对年轻人进行培训，不过他们今天出去演出了。

问：请问参加培训的都有哪些年龄段的人呢？

答：主要是一些青少年，最小的有小学五年级学生，大的十几岁都有吧。

传统戏剧

粤剧调研

采访时间：2018 年 3 月 25 日

采访地点：佛山祖庙

采访者：姚杰、李程、高子涛

受访者：何红梅

△ 现场采访照片

传承人简介：

何红梅，广东粤剧博物馆业余粤剧团团长，1973 年开始学习粤剧，曾做过花旦下乡唱戏，从艺 46 年。

问：粤剧常见的角色有什么特点?

答：彩旦逗人笑，老旦演年龄大的角色，丑生扮傻子，还有小生、文武生（头饰有鸡尾）、花旦、小旦、闺门旦以及服侍小姐的角色等。行内的俗话有“宁愿穿破不穿错”，寿星公白胡子，皇帝黑白胡子各参半，白白花花的驸马，公子显年轻，皇帝龙、皇后凤装饰，大将虎头装饰。

问：粤剧发展现状如何?

答：2017 年开始，政府更加重视，有资金帮扶，提供音响等设备。也有外国人唱得不错的。多了很多年龄大的人唱，年轻人也开始了解，但佛山年轻人唱的少一点。缺乏音乐师傅，年轻人光学吉他、钢琴，师傅没时间教人，传承者渐渐少了，打锣鼓的技艺等要接班，家长要带头。

问：对粤剧传承您有什么建议吗?

答：大力发扬广东音乐，开始培训粤剧，可以让小提琴和唱曲相结合。小孩子会喜欢它的亮眼、好看、惊艳。

问：粤剧有什么特色?

答：和京剧相互学习，但头饰不同，一看就可以区分。服饰差不多，化妆差不多，也学习京剧动作，相互学习。剧情很多相同，字体以古文居多。

问：化妆有什么特点?

答：脸部化妆也有讲究，油彩的脸部化妆。

问：化妆主要有什么颜色?

答：肉色、玫瑰红、黑等。

曲艺

龙舟说唱调研

时间：2019 年 5 月 5 日

地点：佛山市顺德杏坛龙潭大巷村杂货铺

采访者：温碧婷、陈晓晴、易椿皓

受访者：陈振球（陈庆辉）

现场采访照片

传承人简介：

陈振球，男，汉族，广东省佛山市顺德区人，龙舟说唱传承人。自 20 世纪 50 年代起开始学习龙舟说唱，因表演技艺高超，被人称作“龙舟辉”。2018 年 5 月，被评定为第五批国家级非物质文化遗产代表性项目代表性传承人。师从已故国家级非遗传承人伍于筹、尤学尧。在长达 62 年的演出活动中，陈振球很好地掌握了龙舟说唱平民、活泼的曲艺特点，形成了诙谐生动的表演风格，简朴平直，富乡土味，唱调声腔短促，幽默有趣，高昂跌宕，同时配以丰富的肢体语言，富有宣泄效果，精于调动听众情绪，保持了龙舟说唱沿街卖唱、粗犷朴实的本真个性。

问：龙舟说唱是什么？是在龙舟上面唱的吗？

答：龙舟说唱不是在龙舟上面唱的，只是因为职业艺人常拿着一根上端架着木雕小龙舟的长棍作标识。龙舟说唱最早在过年的时候起助兴作用，用说唱的形式把你想表达的东西唱出来，叫作龙舟腔，龙舟是它的名称，可以说一个曲目，是粤曲的一种，所以就叫龙舟说唱。

问：龙舟说唱的来源是什么？是怎么兴起的？

答：据流传，两三百年前，在顺德龙江有一位秀才，家道贫穷，就想着去卖艺谋生，组织了几个女性，人称女伶（唱戏曲的），就发明了这种唱腔，通俗易懂，人们也爱听。人们看这门手艺能赚钱，渐渐就有很多人效仿，龙舟说唱就这样流传开了。

问：龙舟说唱在哪些地方流行？

答：基本都是在顺德地区流行的，也有中山、广州、番禺地方的人唱，但是很少。

问：龙舟说唱有用到什么道具吗？

答：唱龙舟要有表演的道具，锣和鼓是最必要的，还需要一条龙舟。行当齐全才像样，人家才会欢迎你、接纳你。缺了龙舟也说得过去，但是不太好。龙舟锣用的是苏锣，因为苏州才能出产这样的锣，能用在龙舟说唱上，其他的不够正规。现在这种已经不是苏锣了。佛山的得声乐器社有这些锣出售，发出“叮叮”声响的并不是龙舟锣。

问：龙舟说唱能挣钱吗？听说您曾以此谋生？

答：我小时候有不少龙舟公到社会上谋生。茶楼、寺庙和当地人的喜庆事，都需要找龙舟公助兴。一方面，人们喜欢听这些龙舟说唱的故事，另一方面，龙舟说唱也能够使气氛热闹。以前没有电视、录像，连收音机都没有，民间娱乐就依赖龙舟说唱，所以，龙舟艺人可以靠这个谋生，赚钱比较多。在茶楼酒肆的中午和晚上，茶客点上一盅茶，边喝茶吃点心边听唱龙舟，听龙舟要收费的。

传统体育

咏春拳调研

采访时间：2019 年 5 月 5 日下午 5 点

采访地点：佛山市禅城区南风古灶耀保咏春拳馆

采访者：梁芷莹

受访者：麦耀明

摄影者：卢淑敏、陈家欣

△

陈家欣、梁芷莹、麦耀明、卢淑敏合影

传承人简介：

麦耀明，1954 年出生，南海狮山人，居佛山。出生于武术世家，其祖父麦华乃一代洪拳大师林世荣之高足，当时在佛山与乡威等五人称“五虎将”。因与咏春拳师韦玉笙比武后觉得咏春拳是好东西，于是要其子麦子云（麦老询）拜师学艺，但当时韦玉笙已经封刀不再授徒，故拜韦祖弟子张保为师，成为张保的早期弟子，当时一起学艺的有南庄镇的亚纪和一些当时的富家子弟。麦耀明自幼随父亲练习咏春拳，于 1970 年 16 岁时随张保晚年关门弟子黄吉泉师父继续深造，研练拳艺至今，于 2005 年 7 月创办了佛山耀保咏春拳馆。

问：请问咏春拳的起源是怎么样的?

答：按照我们的了解，以前没有这么复杂，以老人家的说法就是把咏春拳传出去， 现在又说是从福建传过来，反正就是版本很多。为什么我们这里要叫耀保呢?因为我们从资料中看到张保的师傅是韦玉笙，所以我们现在的祖师爷就是韦玉笙。

问：咏春拳与其他的拳术有什么区别?

答：咏春拳比较讲究角度，比如中线、连消带打（即两只手同时做不同的动作，一心二用，讲究快、角度，但幅度不大）。特色就是由于是女子创的招式，所以比较“精”，而不在于斗力斗狠方面，其练功夫就是练发力。咏春拳特点：注重实践（如反应）、防身为主、赤手空拳、唯快不破、短距离、贴身。

问：咏春拳当中经典的招式是哪些?

答：连消带打、伏打、擒打（擒拿）、扣打。

问：咏春拳的精神是什么?

答：不离不弃，永不放弃，不惹事不怕事，不好勇斗狠，自己练好本事，有恒心、耐性，收敛。口号：传承实践，优雅中正，精髓追求，传承精髓，发扬光大。

问：咏春拳在历史发展过程中有没有遇到过一些困难或者险阻呢?

答：在这过程当中肯定有，我们不靠宣传，比如那些广告之类的都不弄，主要是靠自己发扬，靠口碑传承。

传统美术

粤绣（广绣）调研

采访时间：2019 年 4 月 27 日

采访地点：佛山市禅城区新立陶笛陶瓷经营部

采访人：杨婷婷、翁舒嫚

受访者：劳惠然（广东省民间工艺协会常务副书记，广东省非物质文化遗产保护中心执事，广东省一级艺术家，广绣市级非遗传承人，民间工艺师，劳氏广绣传承人）

摄影者：张嘉欣、陈婷娜、魏晓雯、邱王妍

△ 劳惠然

传承人简介：

劳惠然，出生在广绣世家，从小就耳濡目染，三四岁时劳惠然跟随母亲学习广绣艺术创作，从刺绣边角小花、小叶至独立完成作品。在广绣艺术的熏陶下，劳惠然多了一份对追求完美的执着，读书时选了服装设计专业，让自己有能力设计更具特色的广绣作品，并创立了“劳氏广绣”品牌，为广绣行业注入了新的活力。劳惠然独立设计创作的广绣长披巾《花团锦绣》、广绣画《年年有余》分别获得广佛肇工艺美术精品评比金奖和珠三角工艺美术精品评比银奖，同时，劳惠然还取得了《龙舟》《年年有余》等作品的著作权。

问： 刺绣中主要有哪些色彩搭配？

答： 主要以鲜艳为主，颜色对比强烈，红绿搭配。

问： 刺绣是从哪个年代开始盛行？

答： 清代开始盛行。

问： 现代刺绣中最看重的理念是什么？

答： 最看重寓意，每一个刺绣的图案都有自己独特的寓意。

问： 如果用一个图标来代表刺绣，老师您建议图标使用什么颜色？

答： 建议使用黄色，也可以融入刺绣中最常搭配的红、绿两种颜色。

问： 刺绣主要有哪些图案样式？有什么含义？

答： 最主要的有花鸟、动物、岭南街道，还有一些带有故事情节的人物。牡丹寓意富贵，凤凰寓意吉祥，其实每一个图案都有自己的含义。

问： 广绣与潮绣的区别在哪里？

答： 广绣以鲜艳的颜色为主，广绣装饰性比较强，以线做出立体感；潮绣表现的是金碧辉煌，突出来的效果。

△ 翁舒嫚、劳惠然、陈婷娜、魏晓雯合影

△ 现场采访照片

问：刺绣中有哪些绣法比较常用?

答：以平针为主。

问：现代刺绣方法是否仍是针线方面的操作?

答：是的，全部都是手工操作。

问：如今刺绣在哪方面应用比较广泛?

答：我们这边都是实用性的，比如衣服上的，可佩戴的项链、手表、眼镜。

问：刺绣有哪些手法或手势比较讲究?

答：以直针、斜针为基础，比较有难度的是套针，它对整齐度和平整度要求较高。

问：老师您最早接触广绣是什么时候？或者是什么时候喜欢上的呢?

答：因为家庭的原因吧，世世代代都在做广绣，我从小到大都是看着我妈妈、奶奶还有姑姑，家里人一直都在绣。从小在我的世界里睁开眼睛的第一眼，能看见的都是我们家里的花架和绣品等，全部都是这些东西，从小耳濡目染。

问：您觉得广绣的灵魂在哪里?

答：其实我觉得是它的技艺吧，还有针法。

问：广绣的针法相对于四大名绣中除广绣外的其他三种有什么独特之处?

答：它的针步比较短，比较细密。我们这个叫起针，这个是起，一起一落。广绣它这个跨距我们是有要求的，我们一般都控制在 0.5 到 0.8 厘米，这个是针的距离。一起一落对针距的控制，要求都比较高。

问：您认为绣花有什么诀窍吗?

答：最主要的是多练，然后在练习的过程中慢慢地将针线，把自己融入到自己的手里面，然后慢慢地用心去感受这个过程，不要老是用眼睛去看，而是用心去感受起针落针的上下过程。

问：对于手工制作与机器制作，您有什么看法？

答：怎么说呢，手工的肯定永远都比机器的好，因为每一针都有刺绣者的感情和温度以及绣的情怀在里面。机器只是一个早已购置回来的模子，全是垂直的一个方向。比如在表现植物的时候，我们每绣一个图案都要先看看它的花的形状，这个花它是怎样开的，是哪个方向，是向阳光的还是其他，都需要我们研究，要沿着它的生理纹来做，使得它表现出更自然的效果；但是机器基本上只是一个方向，比较呆板，所以暂时来说人工还是不可代替的。

问：对于这种传统手艺跟新时代潮流的碰撞，您有什么看法？

答：我觉得挺好的呀，一个传统的手艺我觉得必须跟随与适应现代的人文和现代的社会需求来进行修改与发展，我们要保留的是我们的技艺，但是图案或者色彩我觉得都应该根据当代社会的需求来适当地改良。

问：广绣已是非遗，但在传承保护方面仍存在不足，您对广绣的传承有什么看法与建议？

答：怎么说呢，还需要加大一下宣传的力度嘛，好像很多市民，很多人还不知道，还不认识。可以让广绣进入学校里面，从小学让他们认识我们当地的刺绣，形成自己的东西，通过自己体验的过程去爱上它。我们的作品不单只有一种材料，是多材合一的，除了线绣、绒绣、钉金绣还有珠绣，把我们广绣的四种技艺都融合在里面了。

△ 现场照片

问：想请问老师是不是只有广绣才有金银线绣?

答：不是的。其实我们广绣绣法比较多，它用的材料也比较多，根据不同的材料有不同的绣法，只是我觉得每一种材料都有它特别的地方，我按照它的表现特点来组合图案。

问：广绣的水路是什么样子的?

答：像《年年有鱼》中的鱼，每一块鱼鳞，中间空隙一条条的白色就是水路（0.5 厘米）。广绣最特别的，比如一朵花，这一朵花里面有无数的花瓣，它每一个结构之间，每一片花瓣之间，都有水路。

问：请问是不是所有设计的图案都能用广绣表现出来?

答：设计师设计的图案不一定能绣，特别是线绣，线绣的图案跟绒绣不同，我们特别改的比较多。你可以看一下比如一只鸟，线绣的鸟跟真实的鸟是不一样的，哪怕是一朵花都是平面的，它开的方向，某一些部位是我们必须要改的，我们绣是绣不出来的。就好像线是实的，有一些虚线部分我们可能做不了，只能做实的，所以我们就必须把它改了。

△ 劳惠然作品

传承人简介：

阮贤娥，1956 年生，顺德人，从 17 岁始拈绣针，至今从事广绣已逾四十载，曾参与研发国内首创双面绣应用到实用品的技法，“单面飞针，双面影随”即为其所擅长的绝活，她参与制作的刺绣作品《百鸟朝凤》，曾在全国工艺美术百花奖中夺得金杯奖。现为顺德广绣非遗传承人，曾多次代表顺德在一些公开场合演绎广绣的多种针法和高超技艺，培养出一批又一批的“绣才”。

采访时间：2019 年 4 月 29 日

采访地点：广东省佛山市顺德区大良镇华盖路 135 号（佛山市顺德富德工艺品）

采访者：欧阳结雯、何斯珩

受访者：阮贤娥

△ 欧阳结雯、阮贤娥、何斯珩合影

问：粤绣包含了广绣和潮绣的哪些特点？

答：粤绣呢就是有观赏品和日用品这两大类，潮绣呢就有盘金绣。

问：粤绣的针法是非常丰富的，那大概有多少种呢？

答：普遍使用的呢，就有长中短啊，柳针、蚕针、密针啊。设计师画的那件作品需要什么针法，我们才做的，而不是每一个作品都运用完那些针法的，就是每一个作品不一定全部针法都做上去的。

问：做这些刺绣对材料有什么要求呢？

答：现在基本上是用真丝的底布，如果是观赏绣的话，就用蚕丝线来绣，这些是蚕丝做的，叫作绒，这些叫作绒绣。

问：它是不是一条线可以分成很多条的？

答：是啊，像这样拔一条线出来，就可以开成四十八分之一的线出来。

问：是要自己开吗？

答：是啊，因为这些观赏绣就要一条一条开出来，在做的时候有的地方要用粗一点的，有的地方要用细一点的。

△ 现场作坊

问：比头发还细。

答：是啊，可以的，比头发还细的，就是这样开出来的，如果是观赏绣就是要这样开，如果是日用绣就不用开。

问：就直接用吗?

答：是啊，日用绣呢就是料不同，它的底布也是真丝的，但是线是人造丝，因为这些线是不能洗的，如果洗了就会变成一坨，粘在一起。

问：绣工一般都是男工，但是我看这里的都是女工?

答：古代有男工，古代人就说传男不传女，但是现在呢就是女的多，没有男的愿意做这些，因为太细致了。

问：现在粤绣已经与潮流结合在一起了吗?

答：对，因为我们绣的图案都是要跟潮流的，不能够太死板，所以呢就会有专门的设计人员，就是有些顾客要求要设计些什么，那就可以立刻画出来嘛。

粤绣前工序

佛山木版年画调研

采访时间：2019 年 5 月 1 日

采访地点：佛山市禅城区冯氏木版年画店内

采访者：许雪珍

受访者：冯锦强

传承人简介：

冯炳棠，首批国家级非物质文化遗产佛山木版年画项目代表性传承人，1936 年 11 月出生于佛山，技艺传承于父亲冯均，冯氏木版年画第三代传承人，1949 年小学毕业后便一直在尽可能的条件下从事木版年画制作，坚持至今。原来只从事木版年画的开纸、套印工艺。改革开放之后，经过对各个工序的刻苦学习和钻研，能够独立完成木版年画开纸、雕版、套印、填丹、开相、描金、写花等整套制作工艺，如今是广东全面掌握传统佛山木版年画工艺的唯一传人。

冯锦强，冯炳棠之子，字英伦，1976 年 9 月出生，是佛山木版年画第二十八代传承人，木版年画省级传承人，艺名小强。1998 年，跟随父亲冯炳棠从事木版年画制作工作。学习了佛山传统木版年画的全面技艺和整个工艺流程，包括开纸、雕版、套印、填丹、开相、描金、写花等工序。同时对木版年画进行市场开发和宣传工作，多次参加全国性的木版年画的展演和交流活动，近期联合各非遗项目传承人创办梦想俱乐部，希望让更多的人了解非遗。代表作品有《财神》《门神》《鲤鱼童子》《鲤鱼灯》等。

问：木版年画的制作过程是怎么样的?

答：木版年画制作工序有很多，其中最难的是雕版。首先是木板雕刻，接着是套印，然后是填丹，再者是开相，最后是描金。以前我们这一家只做套印，即将年画放在木板上四色套印。很多人以为年画是一笔一笔画上去的，其实不然，每次做的时候它都有自己的工序。

问：木版年画主要的题材有哪些?

答：以年画、神像画为主。

问：佛山木版年画和其他木版年画的区别在哪里?

答：佛山木版年画跟外省木版年画的区别在于色彩和人物的区分，就好像在广州看粤剧，在北京看京剧，粤剧和京剧各有各的表现方式。有的人看到一张木版年画，就可以知道是南方的，是广东的木版年画，因为它的表现手法有南派的风格，有岭南的特色。我们的填丹工艺是全国独有的，填丹就是在门神印好之后，再用笔蘸着丹色将图案的边界涂成丹红色。人们觉得木版年画就是门神，其实门神只是用量比较多的木版年画。木版年画使用四色套印的手法，它可以表现在各种图案上，而不仅仅是门神，比如一些山水画、动物画、神像画等。

问：木版年画申请非遗成功之后，很多人关心它未来的传承与发展问题，对于这方面您认为木版年画应该怎样去传承和发展呢?

答：设计新的文创产品，成立与木版年画有关的工作室，并且校企联合，成立相关团队。我的父亲传承技艺，我负责将木版年画推广做大。传承的模式需要贴近百姓生活，融入不同的产品里面，使文化成为每个人的需求。

问：您刚刚提到木版年画的传承需要设计新的文创产品，现在在做哪些方面的文创产品呢?

答：暂时没有。因为这方面我们需要更专业的团队，我们现在和佛山市设计师俱乐部对接了一个平台，让中国一些顶级的设计师辅导学生做文创，用年画结合产品包装。我们可以开放 IP，使文化更加符合市场需求。此外，设计师把文化和市场需求结合，使木版年画成为一种喜闻乐见的文化。

问：据了解，冯先生您是木版年画第二十八代传承人，但事实上您只是冯氏第四代传承人，这个二十八是怎么来的?

答：现在整个佛山木版年画只剩我们这家，因此我代表的不只是我们冯氏，而是整个佛山木版年画，从明朝一直算下来，一个世纪按四代来算，七百年刚好就是二十八代。

采访时间：2019 年 4 月 27 日

采访方式：电话

采访者：刘柳琪、黄佳

受访者：刘钟萍

传承人简介：

刘钟萍，2014 年 20 多岁的刘钟萍与佛山木版年画结缘，随后师承冯炳棠。经过 5 年的刻苦钻研，她已成为市级非遗项目代表性传承人。2016 年成功入选文化和旅游部、教育部 “中国非遗传承人群研修研习培训计划”，在清华大学美术学院进行专业学习。

2017 年，刘钟萍在老店举办了首场“和合二仙脱单专场”年画开放日活动，活动一公布就吸引了很多年轻单身人士的关注。此后，她又举办了多场主题年画开放日活动，将年画中的诸神“复活”——比如根据喜神年画、财神年画、状元及第年画等所表达的美好寓意，举办脱单专场、逢考必过专场、二胎专场等，彻底激发了市民的热情。2017 年 12 月，刘钟萍接到清华大学导师的电话，邀请她回学校做非遗系列讲座。因为来自佛山这座有名的功夫之城，英姿飒爽的刘钟萍渐渐被称为“年画女侠”，这位高个子姑娘时常会拖着行李箱穿梭于全国各地，为博物馆讲解木版年画的前世今生，告诉学生们木版年画的故事，在一线品牌活动中融入木版年画的元素等。

问：您可以简单介绍一下佛山木版年画的发展历程吗?

答：佛山木版年画宋元时期就有了，明清和民国时期最盛。改革开放后在政府的支持下再次发展起来，有了更多人的关注。

问：请问木版年画的题材来源是什么?

答：题材是历史传下来的故事，主要是门神，例如“秦叔保”“尉迟恭”“关公”“张飞”，还有驱邪纳福、象征美好寓意的“福禄寿全”“金钱童子”“和合二仙”“天姬送子”等。

问：佛山木版年画是中国四大木版年画之一，您认为较之其他，佛山木版年画有何独特之处?

答：各地的木版年画都是反映当地的文化特点，还有一些工艺上的不同。佛山年画受岭南传统文化影响，迎合佛山人的审美喜好，造型比较粗犷，色彩以红丹为底色，配色是橘、红、黄、绿等。

问：请问做这个木版年画对木材有什么要求吗?

答：我们主要用的是荷木，好下刀又不容易破裂，并且必须选择宽厚没有虫子蛀过的，否则在雕刻时就会受到影响，从而影响到画图的质量。

问：整个制作过程主要有几道工序?大概需要多长时间可以制作成一幅年画?

答：每幅画都是不一样的，主要分为雕版、套印、开相、描金四个步骤，把创作好的线描稿贴在木板上，然后根据年画的色彩分次套印，套印后在人物脸上填色，最后描金，使年画显得金碧辉煌。

罗行竹编调研

现场照片

采访时间：2019 年 5 月 7 日

采访方式：电话

采访者：雷颖儿、刘柳琪、程杏水

受访者：高瑞心

传承人简介：

高瑞心，第四批市级非物质文化遗产项目竹编的代表性传承人，人称心姨，15 岁已经开始学竹编，现已 62 岁，时常受邀出席竹编文化节、竹编大赛等竹编相关活动，也偶尔会在竹编文化馆、罗行竹编培训基地等授课，让更多的学生接触和了解罗行竹编工艺，宣传竹编传统文化。

问：请问竹编的主要材料是什么呢?

答：有很多种竹子，通常选用软的水竹，才能够编织出更好看的作品。

问：请问竹编的主要颜色是什么呢?

答：竹编的主要颜色也就是竹子原本的颜色，青色为主，竹子晒干后会偏白。

问：请问完成一个竹编作品一般需要多长时间?

答：如果是较为粗糙的需要 1 个小时左右，细致的则大概 2 个小时。竹编分大小，小的相对难编。

问：请问竹编成品一般有什么用途?

答：大的竹编成品一般装瓜菜水果等，而小的则用作装饰摆件。

问：请问竹编最具代表性的作品有哪些?

答：箩（篮子），罗行也有“世界上最大的竹箩”（4.3 米高）的展示，大概有 1 层楼之高，是由罗行圩中安村的村民自发编织的。

△ 罗行竹编

采访时间：2019 年 5 月 2 日

采访地点：佛山市丹灶镇罗行圩

采访者：赖荣、欧国义、陈浩怡

受访者：刘黎开

传承人简介：

刘黎开，出生于 20 世纪 40 年代，一直扎根在佛山市南海区丹灶镇罗行圩。她从小在南海竹编的熏陶下对南海竹编产生巨大的兴趣，15 岁就真正开始接触南海竹编，16 岁进入竹编厂工作维持家庭的生计，至今从事竹编已有 50 多年了。

问：制作竹编一般需要注意什么问题?

答：第一，挑选的竹子要不老不嫩，太老韧性不够，太嫩很快就断了；第二，竹编受天气的影响很大，制作完成的竹编要放到干燥处，如果不幸受潮就会长霉，不但影响美观而且寿命会减短；第三，如果想要保存很久，最好就是涂油漆。

问：您的编制灵感和作品创新来源于哪里?

答：成品都来自生活的灵感，就像这个猪笼入水的套装、荔枝花束、鱼虾蟹等套装，还有荔枝花束下的狗吠和鸟儿在偷荔枝吃等的竹编作品都源自于生活，很多灵感都来源于生活的点滴。有时候也会和其他南海竹编手艺人一起探讨，但是更多的是自己花心思去琢磨。有时候其他手艺人也会分享他们的新作品，自己也会认真去研究其编法和提高编制手法。

△ 现场采访

◁ 赖荣、刘黎开、欧国义、陈浩怡合影

问：藤编和竹编都是佛山南海很有名的非物质文化遗产，您认为两者有什么区别呢？

答：藤编的制作原材料比较细滑，不容易伤手，而且制作过程较竹编简单，而竹编制作的原材料是竹子，比较锋利容易割伤手，而且需要多种刀具，要一直琢磨透，积累经验。竹编经验丰富可不用刀具，就像我直接用手把握竹子的厚度。

南海藤编调研

采访时间：2019 年 5 月 3 日

采访地点：佛山市南海区盐步家具城 E 座四楼藤王府

采访者：阮健敏、邓舒婷

受访者：梁灿尧

△ 现场采访

▽ 现场采访

传承人简介：

梁灿尧，佛山南海黄岐人，中国工艺美术学会会员，广东省非遗项目南海藤编代表性传承人，佛山市工艺美术大师，佛山市工艺美术学会副会长，佛山市工艺美术学会藤编技艺委员会主任，藤王府品牌创始人之一。梁灿尧师从中国工艺美术大师、藤艺行业专家陈嘉棠先生，深得其真传；近年更被广东省陶瓷艺术大师黄强华收为入室弟子，之后在美术创作上突飞猛进，获得多项国际级、国家级的大奖。

问：可以介绍一下南海藤编的发展历程吗？

答：南海藤编最早记载于北宋欧阳修等人编修的《新唐书·地理志》，南海藤编最开始是编织藤席，后来才慢慢发展到藤家具、藤工艺品等。

问：请问南海藤编主要是用什么材料来制作的？

答：南海藤编主要的材料还是藤，藤是最基本的材料，在近十几年才添加了一些木头、金属制品、塑料仿藤、钢架仿藤等，使其更具有稳定性，质感更强。

问：制作一件完整的家具或者其他工艺品有多少道工序呢？

答：有很多道工序，产业链很长，材料是分拆的，有藤皮、藤芯、藤条、藤笪等，都是别人已经加工好的，自己需要什么材料会买进再加工、组装等。在工序上面，原藤会经过打藤、洗藤、晒藤、拣藤、刨藤、削藤等，然后会把藤条加工成藤皮、藤芯，之后进行开料、定型、编织、打磨、钉架、上油、包装等才能够做成一件完整的成品。

△ 梁灿尧作品《大展宏图》《金龙吐珠》

问：南海藤编主要有哪些类型？有什么代表性的作品吗？

答：南海藤编主要有六大类型，分别是藤皮、藤芯、藤席、藤笪、藤家具、藤织件。而藤席、藤笪、藤家具、藤织件是四大类制成品，前两类是其中的重要材料。本人作为南海藤编代表性的传承人，设计、创作获得大奖的作品都是代表性的作品。藤王府的每一件产品都是精品，都是经过很用心的加工创作出来的。

问：南海藤编制作的产品大概有多长的寿命？如何保证它的质量？

答：我对产品的质量定标是超过百年的，因为我对质量的要求是很高的，劣质的产品不会在我的店面流通，只是百年之后自己是看不到的了。除非人为破坏，自然地用于坐的藤家具寿命肯定能够超过百年。

问：您是什么时候把藤编工艺与家具结合在一起并且创新发展的？

答：在 2000 年左右，劣质的藤编制品大量流向市场，给藤编制造业的声誉造成了很大的影响，藤编制品到农村都没人买。看到藤编市场前景堪忧，我痛定思痛，决定要改革创新，要超越整个市场，扭转整个藤家具的面貌，把几百块一套的藤家具演变为几千块一套。经过几年摸索，到 2004 年，开始打造属于自己的品牌——藤王府。那时候加了木头等材料研发了一系列的产品，受到了消费者的欢迎，精美的藤家具在藤乡人看来也是很惊讶的。

问：南海藤编与其他地方的藤编有什么不同？

答：可以这样说，南海藤编那是闻名全国的，没有什么地方的藤编能够超越南海藤编。因为南海藤编从北宋开始已经有一千多年的历史了，藤编一直都是以南海藤编为起源，这是有历史记载的，我做了那么多年的藤编没有听过其他地方的藤编能够比南海藤编更厉害。除非是竹编、草编等，但那是不同的品种。其他地方想要开藤厂，也离不开八乡人，他们要做好藤厂也要到南海来找师傅提供技术指导。特别是开材料，我们是把原藤（在印度尼西亚进口的优质原材料）拿回来开了，再返销到全世界，从进口又到出口，因为我们南海地区是有历史的产业链，产业链在这个地区有着不同的技术，所以外面的人想做藤家具，也要到这里来买材料，否则做不了成品。而且南海藤编有一个专门研究藤的研究所，已经 50 多年了，为藤编产业提供了很多的技术，使藤编制品不断向精良的方向发展。

问：当前南海藤编的传承与发展遇到过什么困难吗？对于传承与发展南海藤编的工艺，您有什么建议？

答：时代不断变化，科学不断进步，藤编手工业比工业化生产的产品会落后一点，年轻人一般会追求新事物，对这种手工业不太感兴趣，而且会觉得做这些手工业又辛苦又起不了什么作用，所以少了年轻人的加入，藤编面临传承的危机。现在的科技那么发达，用机器做一套家具也用不了多久，但是藤制品是需要时间慢慢去做的，机械化的时代，我们手工业肯定是不能与别人竞争的，还有方方面面的原因导致现在的局面是比较麻烦的。我们做好自己的同时，也要看政府对南海藤编能够做出什么样的措施来支持藤编业的发展。而且现在南海藤编没有书本，也没有学校课程教学，全都是靠“口传心授”，只是说出来应该要怎么做，没有书本的基础是很难传承的，但是自己也没什么能力没什么水平出一本南海藤编的书籍。

△ 梁灿尧作品《福星高照》

▽ 藤床

彩扎（佛山狮头）调研

采访时间：2019 年 5 月 4 日

采访地点：黎婉珍工作室（佛山禅城人民路近思里 1 号）

采访者：黄爱娣、李紫莹

受访者：黎婉珍

黄爱娣、黎婉珍、李紫莹合影

传承人介绍：

黎婉珍，1964 年 2 月出生。2008 年，获得“省级非物质文化遗产佛山狮头项目（彩扎）代表性传承人”称号。自小随母蔡燕（黎永华之妻）学艺，初中毕业后于 1980 年进入佛山市乐器工艺厂，从事狮头制作，传授狮头扎作技艺至今。1991 年曾参加黄飞鸿狮王争霸赛大型狮头制作。作为佛山传统狮艺黎家狮的第五代传人，是年轻一代的佛山狮头制作技艺传承人。其作品既继承了佛山传统狮头的特点，又包含现代创新风格。其代表作品有：《义薄云天刘关张狮头》《鳌鱼角模型狮头》《创新镭射轻庄金狮》等。作品多次参加工艺美术展览，曾获佛山市工艺美术创新市长奖优秀奖、中国工艺美术学会传承与创新工艺美术作品展银奖、穗禅肇同城工艺美术大展精品评比金奖。

问：您能介绍一下佛山狮头黎家狮的历史由来吗？

答：黎家狮是佛山狮头的代表，黎家狮自清代道光年间至今，差不多有 200 年的历史了，以传统的家族传承方式为主。我是第五代，现在我的女儿是第六代，并且是佛山唯一一家从未间断过制作佛山狮头的家族企业。

问：佛山狮头黎家狮由多少道工序完成？其中最重要的是哪一道工序？为什么？

答：佛山狮头的制作一共分为四大工序，分别为扎、朴、写、装。其中最重要的是第一道扎的工序，因为扎作是从一条竹篾开始，要把狮头的五官扎作出来，它的要求是对称，五官是要靠自己去把握的，这是靠自己多年的实践经验去掌握的。而且它要结扎 1300 多个结口，这是为了使扎出来的狮胚牢固精巧，比较熟练的都要花两天的时间去完成。

问：在制作过程中，您通常会加入什么元素？

答：首先会融入自己的审美观念，自己觉得如何去安装、写色、配搭颜色会更加好看。安装的时候，会加入兔毛、绒毛这些材料，并且要利用自己的审美把这些材料弄得更加美观。

△ 现场采访 ▽

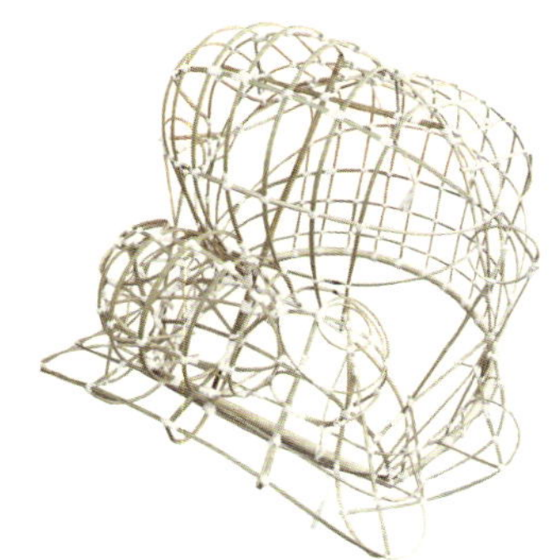

问：佛山狮头黎家狮分哪些类型？

答：其实佛山狮头主要分为文狮、武狮、少狮，是以《三国演义》里面的刘备、张飞、关羽为题材的，利用了戏曲里面人物的底色作为狮头上的底色，比如：文狮以刘备、关羽作脸谱，其中刘备是采用彩色的脸谱，关羽是采用红色的脸谱；武狮则是以张飞作脸谱，它是采用黑色脸谱；少狮是专供儿童玩耍的狮头面具。最后再配合传统的花纹。

问：相比以前，现在的佛山狮头黎家狮有什么不同的地方？

答：现在已经改变了很多了，因为现在好多都是要上高桩，所以它变得更加轻便；还有它的腮，传统狮头的腮是双腮，现在是圆腮；传统的狮头还有很多的翅，现在没有了；为了更加轻便，以前是用牙刷毛，现在则是用羊毛；现在还利用镭射、荧光色来进行写色。

问：现在的发展有什么困难之处？

答：现在最大的困难之处就是在于招人方面，现在的年轻人对制作佛山狮头的兴趣比较少，这门手艺没有什么年轻人愿意去学，要传承下去，真的有点困难，希望有更多的年轻人来学习。

问：您认为佛山狮头黎家狮在未来应该怎样进行创新呢？

答：说到创新方面，就是要看自己如何去做了，但是一定要保持狮头的形状，无论怎么改都是万变不离其宗，无论如何都要有狮头的模样在。

彩扎过程 ▷

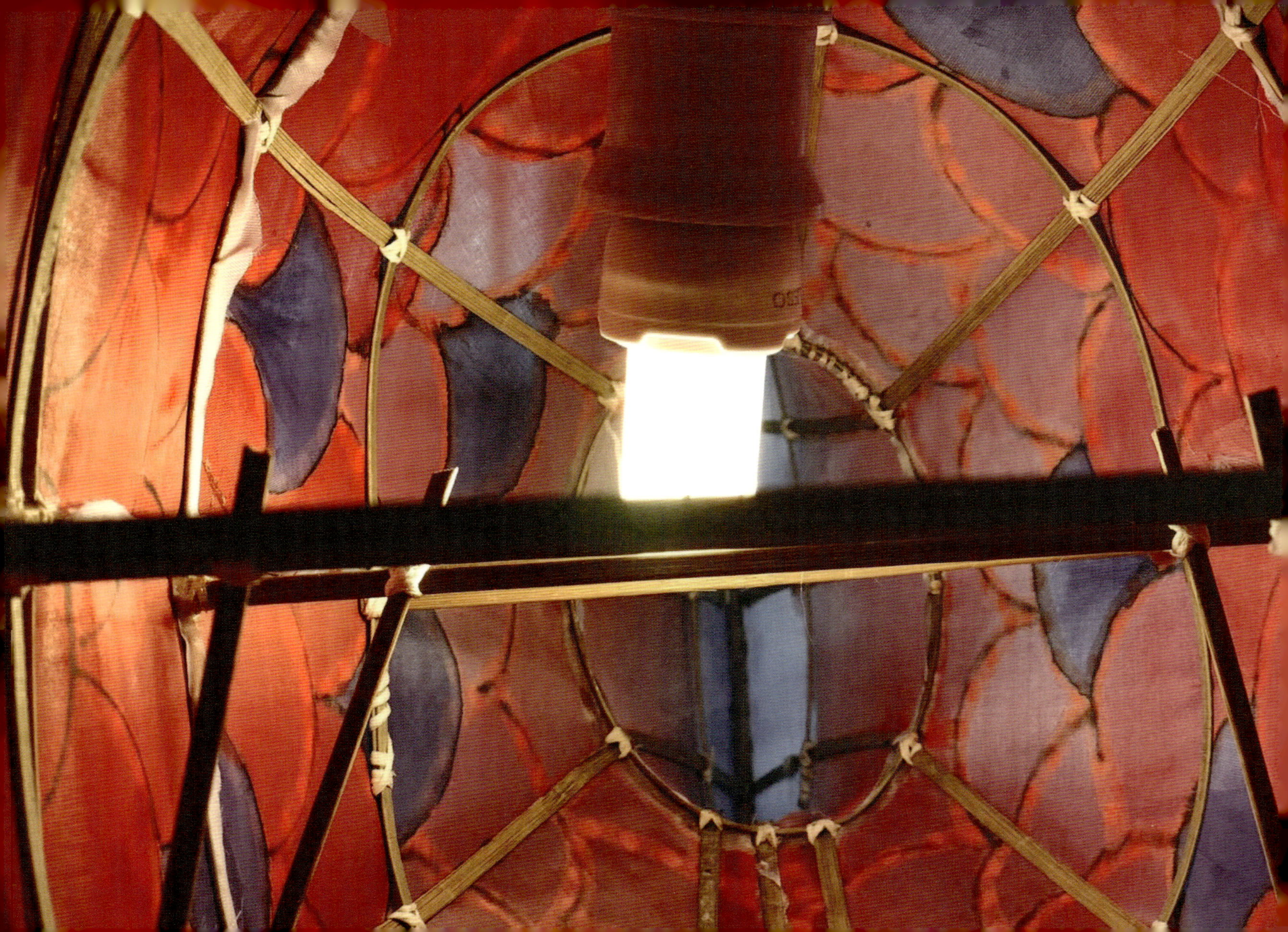

传统技艺

大良鱼灯制作技艺调研

△ 鱼灯

传承人简介：

潘培森（1946—2018 年），人称潘叔，顺德大良人，扎鱼灯 40 多年，是顺德非物质文化遗产大良鱼灯的传承人。2012 年，潘师傅制作的两个作品《金龙腾飞》《金鱼》均获得广东省首届花灯文化节的银奖。2013 年，潘师傅的作品《鱼灯》在顺德区的比赛中获得金奖。在 2010 年至 2013 年期间，共获得省级奖项 2 个，区级奖项 1 个，街道级奖项 6 个。潘师傅致力于鱼灯传承工作，走进学校、社区、企业推广鱼灯文化，而且还在深圳无印良品开设专题讲座，与青年艺术家合作创作新样式的鱼灯并在杭州淘宝造物节设置鱼灯摊位，推广大良非遗。潘师傅对生活充满信心，对自己的爱好不忘初心，很热情地对待他人。在顺德，懂得鱼灯制作的人屈指可数，潘叔便是其中之一。

《鱼灯人生》：

潘培森先生在腾讯视频的纪录片中说道：“扎鱼灯作为爱好是一件很开心的事情，比如你想扎一个什么鱼的时候，一次就扎成功了，整好之后，觉得做得很像，是一种成功感、成就感，（这样）都挺高兴的”。潘叔亦提及鱼灯的寓意，象征吉祥和气、富余，如同传统的春联上的“年年有余”，鱼灯的“鱼”和“余”谐音，象征着富余。

▽ 腾讯视频《鱼灯人生》记录片

采访时间：2018 年 3 月 18 日

采访地点：潘培森家中

采访者：庄梦思、李叶清、徐泽辉

受访者：潘培森

△

访问潘培森视频截图

问：您制作鱼灯的过程中遇到过什么困难呢?

答：刚开始制作鱼灯的时候，就是做的不够像鱼，很多人看到后都不知道这是做什么用的，几乎想要放弃过，但又想到这是一种古老的手艺了，不能丢失。

问：您制作的鱼灯最有特色的是哪方面?

答：第一点就是做的要够像鱼，鱼灯的特色是不能失去它的原形。做鱼灯之前，都会去水族馆或者市场看看鱼的样子，从而对鱼灯的形状大小进行构造。第二点也是比较重要的一点，就是鱼灯的颜色、画风，讲究色彩鲜艳、喜庆，就选择了红、黄、橙(带点金色)。

每到节庆日的时候，以前有些人家的门口会挂一些灯笼，现在用鱼灯的形式表现出来，比较喜欢这些颜色，希望每家像鱼一样欢乐度过，这也算象征性的代表吧。

问：是什么能够让您可以坚持那么久做鱼灯呢？

答：爱好的选择，比较喜欢制作手工作品，特别是动物类的手工艺品。也可能是遗传了家庭的基因，一看到这种手艺活就喜欢，因为家里世世代代的人都喜欢，现在家里的人都一起制作鱼灯，就如你看到的一样。

问：为什么您家人都会一起制作鱼灯呢？是想让您的子孙后代都可以传承吗？

答：是的，因为现在很少人记得这种比较古老的手工艺品了，很多人都把它淡忘。现在网络、科技也比较发达了，基本都不会用手工做物品了。不想把这种精神丢失掉，希望能让自己的子孙们传承，也会做好，让更多的人记住鱼灯。

△ 潘培森家中的鱼灯

▽ 顺德职业技术学院的学生在传承人的指导下学习制作鱼灯

采访时间：2019 年 4 月 27 日

采访地点：潘智江家中

采访者：叶丽君、朱惠婷

受访者：潘智江

传承人简介：

潘智江师傅是顺德非物质文化遗产大良鱼灯传承人潘培森之子，大良鱼灯第二代传人，也是顺德如今仅存的几名会制作鱼灯的师傅之一，制作鱼灯 20 多载，经过这些年的经验积累，已将传统鱼灯玩出了新花样，丰富了鱼灯的种类。

△ 朱惠婷、潘智江、叶丽君合影

问：对于鱼灯的传承与发展，您有什么看法？

答：首先得到政府支持，加大宣传力度并开设各种有关鱼灯制作的课堂，重视大良鱼灯的发展，不让制作鱼灯的手艺失传；传承大良鱼灯文化的同时，还要注重创新，让更多年轻人逐渐喜欢并学习这项手艺。

问：制作鱼灯的核心要素是什么？

答：大良鱼灯是一种富于水乡特色的扎作手艺，基本功扎实，制作鱼灯先以竹篾扎成鱼形骨架，扪上明纱，绘染鳞鳍。

问：制作鱼灯的步骤主要有哪些？

答：制作鱼灯的三个要领有：第一，扎制鱼灯各种形态的框架；第二，蒙布；第三，着色。

问：请用几个关键词来总结一下大良鱼灯。

答：生动、栩栩如生、年年有余、千姿百态。

▲ “好一个凤城”顺德传统文化展览

△ 龙窑 ▷

时间：2019 年 4 月 27 日

地点：石湾南风古灶

采访者：辜锦涵、梁家伟、杨显凯、尹媛、郑秀芝、关连娣

受访者：蒙文德

传承人简介：

蒙文德，生于 1948 年，省级非物质文化遗产石湾龙窑技艺传承人，是石湾著名砌窑专家蒙湛的长子。蒙文德 12 岁开始随父亲学习修窑，18 岁时已能独立领着弟妹按父亲设计的尺寸对龙窑进行大维修作业。1966 年 1 月，由蒙文德主持对石湾陶一社（后来的建华厂）的地吼灶作全部拆除重建。20 世纪 60 至 80 年代期间，他与父亲、弟弟一起，新建了 5 座龙窑：化陶厂的化工 1 号龙窑、化工 2 号龙窑，陶一社新窑，肇庆南岸陶瓷厂新窑，南庄上元陶瓷厂新龙窑。近年来，南风古灶和高灶陶窑的维修也是请蒙文德为顾问。现为石湾龙窑营造与烧制技艺的省级传承人。

△ 辜锦涵、蒙文德、梁家伟、杨显凯合影

▽ 尹媛、蒙文德、关连娣合影

问： 砌窑的时候除了用一些常用的材料，还用一些什么特殊的材料吗？

答： 都是耐火材料。

◁ 南风古灶内的火神像（18 级会展班陈浩枫摄）

▽ 现场采访

问：您觉得砌窑的哪道工序难度最大?

答：最难的就是那个窑拱，它不能像一条直线那样，它是变坡的，去逼那个拱，一般建筑下面都有木质的模具，上面就放砖，但是对于龙窑这种方法就不适用，因为它下面小，中间又大，上面又小，你做一个模具在里面呢，在这里合适用，里面又不合适用了，就等于没用。但如果你说真的要用模具来做一条龙窑，它的工程量有多大呢，所以就直接用手工将它变立体，形成一个拱。那这个拱呢，要符合流线体，又要满足里面的左右平衡，它就不能用模具，要靠手工、靠眼睛去分辨左边高还是右边高，一气呵成地搞定它，它就有比较流畅的窑体，它的定烧性能才比较好。最难就是这个，它需要熟练的经验啦。

问：石湾龙窑和其他地方的窑有什么不同的地方吗?

答：这个呢，就是我们的窑拱比较平，其他的窑拱比较拱，如果从建筑学的角度来说，稳定性是高于其他窑的。其他地方的窑的斜坡比较单纯一点，就差不多是直线那样，我们石湾就很讲究这个变坡，这个变坡是石湾龙窑最大的特色，其他地方也有，但没有石湾龙窑那么讲究。

△ 广东石湾陶瓷博物馆内的微雕（陈浩枫摄）

问：石湾龙窑 2013—2014 年重修之后，有什么不同？

答：不同就是恢复了石湾龙窑的特点。大维修之前呢，它的窑体不是我家族做的，因为我父亲已经过世了，当时他们又没找到我，就找了不是很专业的师傅来做，结果就将窑拱做高了。那这次大维修重新由我们家族主持。之后呢，那些师傅也是大为赞赏，因为窑的气氛、定烧性能和装产品的性能都好了很多。

问：砌窑有什么需要特别注意的地方吗？

答：应注意的是逼拱的时候，要掌握每一个点，尺寸都要设计，每一个部位它是多高多宽多大，每个点都要用圆滑的曲线连起来，它就要靠手工靠眼力，最重要的就是这个了。不仅要靠眼力，而且还要用尺，比如一条窑有多长，去到哪个位置，倾斜度多少，这都是有严格的计算尺寸。就等于我们学的坐标嘛，点几个点作为坐标，你将它们用直线连起来，它的线是折的，于是用平滑的曲线去过渡，一气呵成。它有严格的尺寸，不是乱来，但是呢，它又不能用直尺去施工，要靠手工靠眼力，也会像定坐标一样去定位置。总之，要将窑做成像船那样，你看船里面的每一个位置都不是直线，差不多就是那样了。

问：您认为石湾龙窑的传承有什么困难？

答：主要是没有年轻人愿意学这门技艺。因为龙窑在石湾到了 70 年代末 80 年代初，它基本上就成了历史。社会在不断进步，以前龙窑烧的产品，就我们以前装饭用的碗、洗脸用的盆，都是用的陶瓷，装酒也是用陶瓷做的缸，但是现在都不用了，因为生活质量提高了嘛。到了 80 年代已经逐渐转型了，原来用龙窑烧出来的产品，社会上已经不需要了。还有一个就是产值低，你看龙窑是实现不了机械化的，它要手工劳动，生产率低。总的来说，第一，是没人愿意学，就算学了也没什么用，也谋不了生，社会上没多少龙窑需要维修，没有这个行业。第二，就算有人愿意学，有一个困难，它不像其他非物质文化遗产，我很难将窑拆了，再手把手教你。

问：您认为用哪种推广方式去推广石湾龙窑会比较好？

答：龙窑有个特点，就是烧艺术陶瓷，它会有特殊的效果，从这方面推广它比较好。就比如你们年轻人都喜欢吃的麦当劳、肯德基，每样东西都是“精品”，你见过肯德基将鸡翅炸穿个洞的吗？肯德基、麦当劳吃得多了，你们年轻人也会想去烧烤，找些炭火去烧烤，那样才够味道嘛。那些艺术家也一样，宁愿在龙窑里面去烧制“次品”，也要去尝试一下，所以龙窑的用处也就体现在这了。实际上，社会上都不怎么需要龙窑，但艺术家们喜欢，所以龙窑还有一定的作用。现在呢，南风古灶的两条窑已经成为国家文物，它记录了石湾几百年来的历史，现在就是供人观赏和研究，还有烧制艺术品。

问：您对石湾龙窑未来的发展有什么期望？

答：只能将它保留，成为历史，等一代一代去了解原来我们老祖宗是怎么生产劳作的，石湾龙窑是怎么烧制产品的，这个才是真实的。你说将它再发展，取得经济效益，这个不切实际。

问：请简单介绍一下龙窑，以及石湾龙窑和其他地方的龙窑有什么区别。

△ 现场采访

答：龙窑是中国古代陶业工人的非凡创造，以形状像古人所说的龙而得名。龙窑，依山势倾斜用砖砌筑成直焰式筒形的穹状隧道，一般长 30 到 70 米，顶端高度约 12 米，倾斜角 8 到 20 度之间，分窑头、窑床、窑尾三部分。石湾龙窑和其他龙窑在外形和结构上均有不同，石湾龙窑的倾斜度和坡度都有很高的要求，石湾龙窑要求七个变波连成一段，其他的龙窑要求没那么高。

问：石湾龙窑一段有多少个窗口？分成多少段呢？

答：一共有 5 个窗位。龙窑大致分三段。窑头那段，即前段，升温的时候，是缓慢上升的，举例要升至 1300 摄氏度，需要十几个小时慢慢升温，完成烧窑之后，降温的时候，速度十分之快，约莫每秒降 6 摄氏度。窑的中段处于前、后段两者之间，处于中等水平。窑的后段，升温快，降温慢。举例仅需 5 ～ 6 个小时就能从常温升至 1300 摄氏度。这种升温快慢现象，每个单元可以以陶瓷烧成曲线去代表。速度快慢只是每个段块相对而言。

问：龙窑总长有多长？

答：一般长 30 到 70 米，顶端高度约 12 米，倾斜角 8 到 20 度之间，分窑头、窑床、窑尾三部分。在穹状脊两旁，每距 1.3 米开着燃料的小洞 50 多个，窑内部用土砖砌成，成拱形。

问：如今的电窑柴窑与龙窑有什么不同？

答：传统龙窑一般采用人工投柴，需要人的眼睛去观察和判断温度变化和时间，并不适合用机器来控制。现代化窑可用机器控制时间和颜色。现代化窑收成量高，随心所欲。能把控龙窑的特性、懂得泥、釉、火的结合，就能烧出万紫千红的产品。根据窑的特性、产品的不同形状，产品可以放于窑中的不同位置。龙窑产品属于工艺精品，每一件都是不一样的、独一无二的，艺术价值很高。

时间：2019 年 4 月 27 日

地点：石湾南风古灶

采访者：辜锦涵、梁家伟、杨显凯、尹媛、郑秀芝、关连娣

受访者：苏乃灌

传承人简介：

苏乃灌，1954 年 3 月出生，省级非物质文化遗产石湾龙窑技艺传承人，霍照徒弟，也是石湾非常有名的龙窑师傅。苏乃灌父亲苏泽也是解放初进入石湾美陶厂，曾与霍照师傅拍档烧窑，在苏乃灌 1976 年入美陶厂时，他已离开了烧窑的岗位。苏乃灌入厂后跟霍照师傅从事灶上工作，经过师傅的口传身授，逐渐掌握了龙窑烧窑的整套技艺。1979 年师傅退休后，苏乃灌就承担起同庆灶的烧窑工作。在苏乃灌主持石湾美术陶瓷厂的龙窑烧灶工作期间，烧制了大量陶艺大师的作品，如庄稼的《贞观之治——唐太宗》，廖洪标的《画龙点睛》，刘泽棉、刘炳的《十八罗汉》等。1988 年，苏乃灌离开美陶厂，先后在广西和广东南海从事龙窑烧制陶器的工作。他现在在番禺陶公陶瓷工艺厂，使用气窑烧陶瓷，因为熟悉陶瓷釉与火的工艺，用气窑烧出的釉色都很受欢迎。

△ 关连娣、 苏乃灌、尹媛合影

△ 梁家伟、苏乃灌、辜锦涵、杨显凯合影

问：烧窑的材料是什么？与其他地方的窑有什么不同？

答：基本上都是木材，过去呢，就比较追求用靓木，现在不怎么追求这些了。只要它升得了温，产生的烟没什么特殊气味就行。

问：烧窑有多少道工序？哪道工序最有难度？

答：看火，用肉眼看。窑炉的工序呢，有几个工种：装窑、升温、烧窑明火。懂得看火看温度的是最高级的，但最基础的是码窑，我们叫作装窑，把产品放进里面，要一层一层地放好，放稳点。装窑要是装不好，烧窑当然就烧不好，这是最基本的功夫来着。

问：2014 年大修之后，烧出来的陶窑和以前的有什么不同吗？

答：从烧窑来说，大修后的窑比以前更加好烧了。比如说，烧得好不好，有一个现象，就是有没有黑烟。有黑烟的话，就证明烧得不完全，就是木材烧得不完全。修完之后有一个特点，就是没什么烟了，以前的烟是很浓的。

问：烧窑过程中有失误的话，会怎么处理？

答：所谓失误有几种，就比如说，火不够，需要 1300 摄氏度的温度，但它达不到，就即刻准备火。还有一种，本来烧到 1300 摄氏度，放了木材之后，停下，又发现到了 1360 摄氏度，温度太高它会起泡。还有呢，里面的产品会烂掉，放产品的时候放得不好，倒了。还有呢，就是炸裂，会爆。还有呢，产品有裂痕。这几个都是烧窑的事故。

问：您对石湾龙窑的未来发展有什么期望？

答：希望就是继续有人去传承吧，不仅是有人去传承这项工艺，其实它古老的窑体本身，就包含着物理、化学原理。比如我们以前，点着它就有火，就它本身来说，就是一个化学反应，碳和氧的结合，放出热量。如果有人不断追究的话，还有一个是其他窑做不到，但石湾龙窑做得到的，就是在 1100 摄氏度之后，其他窑升温的话，大约几分钟升 1 摄氏度就很艰难了，而龙窑不是，1 分钟能升几十摄氏度，这关乎它的结构，其他窑是比不了的。

问：那么龙窑的优缺点是什么呢？

答：利用自然山坡建造，符合火焰自然上升原理，故造价低，又能充分利用余热。缺点是龙窑费时费力、成品率低。

问：龙窑的结构及其作用是什么呢？烧窑又需要多长时间？

答：龙窑的结构有烟囱、水平烟道、垂直烟道、窑室、升温炉五部分。各结构作用不同：烟囱是产生抽力的，龙窑的火总往一个方向走，就是烟囱的作用；水平烟道的作用是将窑室的烟气引导到烟囱；垂直烟道也一样，因为要防止热气往上升，所以需要将烟气垂直向下引导；窑室是存储产品的地方；升温炉是窑头放火燃烧的地方。在升温炉把龙窑从常温升至高温 1300 摄氏度最短需要 8 个小时，最长需要 20 个小时。时间长短根据窑里装的产品决定。

问：现在的龙窑烧制技艺濒临失传，请问您对龙窑的传承有什么看法？

答：龙窑因为费时费力、成品率低的缺点，渐渐地跟不上现代化工业生产的步伐而退出历史的舞台，现石湾只剩下南风古灶、高灶和同庆灶三座龙窑。龙窑的减少导致的直接后果是：目前掌握这项技艺的师傅年事已高，掌握龙窑烧制技艺的人越来越少，传承千年的龙窑柴烧技艺正濒临失传。所以现在石湾陶瓷博物馆创立了石湾龙窑柴烧技艺培训班，希望吸引广大群众去接触、了解、发扬它。

△ 温度计

△ 火眼

▽ 烧柴

石湾陶塑技艺调研

采访时间：2019 年 4 月 27 日

采访地点：石湾公仔街

采访者：冯晓晴、张婉蓉、莫晓格

受访者：罗传

罗传、莫晓格、张婉蓉合影

传承人简介：

罗传，正名罗伟全，1968 年生于广东博罗，高级工艺美术师、高级技师、广东省工艺美术大师、广东省陶瓷艺术大师、广东省工艺美术协会常务理事。1986 年到佛山石湾跟随外公梁华甫和舅舅梁力学习陶艺基础，2000 年后师承中国工艺美术大师钟汝荣，得到系统性辅导。博云陶坊陶艺工作室是罗传于 1990 年创办的陶艺作坊，专业创作各类既有石湾传统特色又有时代特征的作品。受"中国花鸟画"启发，营造"陶艺工笔花鸟"之路，所创作品题材源于自然，以生态、环保的现代理念，结合国学中的天地、阴阳、大小、动静、刚柔等哲学理论为创作元素，作品多用写实手法，实为客观物象，透过主观情感表达其中意境，以传统的纯手工制作，确保每件作品的唯一性，坚持选用先师沿用的原料来配制釉彩，彰显区域特质，善于将中国吉祥文化融入作品。主张以物喻情，表达自己对社会人文、人生哲理、道德孝义的理解，启发阳光正气、积极向上、自然和谐共生之文化精神。

问：陶塑的制作过程哪个环节最关键？

答：成型。制作中要先有造型，再有色彩。造型的成败将决定作品的成败，最后就是色彩。

问：从过去到现在，陶塑的题材有什么变化？

答：一路而来，随着作者审美的提升、顾客需求和社会需求而变化。现在的作品比较接近现代社会的审美，与时俱进才能走得长久。如果坚持传统，也要有所创新，长期做传统的东西就会停滞不前，所以要不断创新，符合大众审美需求。

问：您觉得石湾陶塑的特点是什么？

答：区域性，只能代表岭南这方面的特点。石湾陶艺早期是仿造中国名窑，模仿他人然后再变成自己的东西，到现在就是作者随着自己的文化水平来提升，并带有很多的岭南特色。

问：您对石湾陶塑煅烧有什么心得体会呢？

答：以前确实是靠经验的，但是现在科技发展了，我们做陶器一般都是靠机器了，机器上给予的信息能让我们准确地掌握时间、火候，也能让成品更快地出来。但其实这样也缺少了以前的味道，

广东石湾陶瓷博物馆内的陶瓷

像双皮奶这样的食品，虽然做不到批量生产，但正因为是手工制造出来的，有它独特的味道，是别人无法模仿的，才显得珍贵。所以越是能够手工完成的作品越是珍贵并且与众不同，但是现在的时代基本上没有会去这样做的了，因为这样付出的时间与努力太多了，与收益更加不成正比了，这也是可惜的地方吧。

问：您觉得石湾陶塑往后需要如何发展呢?

答：作者提高文化水平与艺术水平，作品就会自然提升了，不要拿坚持传统做口号，要在传统中提炼、发展。如果一直停留在历史的水平，那就不可能有进步了。要先吸收传统的文化，再去发展。再者，政府是要花力气花金钱去宣传的，而且要政府宣传，个人艺术者是没有太大能力去宣传的。如果在进行沟通之后政府能加大力度宣传，才是真正地扶持了非物质文化遗产。还有，如今所有能复兴的传统手艺，都是靠媒体宣传的，例如顺德美食就是靠《舌尖上的中国》出名的，所以媒体介入也非常重要。无论是政府宣传还是媒体宣传都是要花钱的，其实扶持非遗，最重要的还是资金，并且一定要把资金落到实处。

△ 顺德博物馆存《戳记四系印纹陶罐》《陶纺轮》《陶灶模型》

采访时间：2018 年 3 月 23 日

采访地点：佛山禅城区石湾公园公仔街 D 区 8 号楼 103

采访者：杨家声、林家荣

受访者：赵芳玉（国家级非物质文化遗产项目继承人廖洪标大师的弟子）

采访赵芳玉的视频截图

问：请问石湾陶塑有什么代表性的东西？

答：比较有代表性的是坤釉，这个釉色一般我们呈现的是偏蓝一点。你看这一些花纹都是在高温的情况下，通过这个釉自身的流动，呈现出来的。这种没有办法批量生产，每一个都是独一无二的。包括我们上釉师傅的手法还有它的厚薄这些，包括烧窑时的温度，它全部的工作流程，每一个都会让它产生不同的变化。这就是我们比较有特色的一种叫坤釉的釉色。第二个就是这个红，这个和大红色不一样，它呈现这种黄黄的一个是因为它的造型，第二个是温度，这个我们叫石榴红。这个石榴红，一定要控制在 1280℃左右，如果控制不好，它就大批都是这个颜色，如果控制好，它就会呈现不同的纹理，产生不同的颜色，就更生动一些，不会说大面积都是同一种颜色。这个釉就比较考烧窑师傅的功底，因为它的温度一定要控制得比较好。石榴红这个颜色也是石湾陶塑一个具有代表性的颜色。

传统缫丝技艺调研

采访时间：2019 年 4 月 26 日

采访地点：佛山市南海区西樵江浦东路 1 号（南海丝厂）

采访者：卢碧棋、罗文舒、庄秋怡

受访者：黎雪芬

△ 庄秋怡、梁彩娟、黎雪芬、卢碧棋、罗文舒合影

传承人简介：

黎雪芬，佛山市非物质文化遗产传统缫丝技艺传承人，中国丝绸协会理事，广东省纺织工程学会理事，佛山市纺织协会丝绸专业委员，南海丝厂的董事，南海丝厂的党委书记。1979 年 9 月入职南海丝厂，积极参加全国缫丝操作法、缫丝用水标准、生丝新标准、桑蚕丝被标准的制定，为传承广佛地区丝绸文化，继承发扬缫丝技术，以及缫丝操作法和新的生丝、桑蚕丝被等国家标准的发行实施做出了一定的贡献。

问：南海丝厂的历史发展是怎样的？南海丝厂的经营理念是什么？

答：1966 年南海丝厂建立，至今几十年的历史，也经历了许多磨练。丝厂前身由省轻工厅投资建造，20 世纪 70 年代后下放给南海工业局管理。由于当时实行计划经济体制，企业发展还很好，就是说整个生产、人数都有一定规模。但是实行市场经济体制之后整个形势就变化了，计划经济的统购统销使企业比较容易发展经营，因为不用考虑到采购和销售的问题。（统购统销就是国家统一采购蚕茧，然后调配给丝厂进行生产，生产出来的丝则调配给丝绸公司进行出口。）从 80 年代中期开始逐步进入市场经济，国家不再分配蚕茧，缫丝企业需要自己采购，生产的丝也是自己销售，所以很考验企业的生存能力。因此当时南海丝厂也经历了一大挫折，由于本地已经逐步没有缫丝原料，加之改革开放政府实行“三来一补”后，农民开始不种田、不种桑养蚕，而是进入工厂打工，所以丝厂因没有原料生产而停工了两三年。直到 90 年代新任厂长上任后，厂长亲自去采购蚕茧，以及积极与省丝绸公司协商合作，使得丝厂终于可以恢复生产。

问：您是怎么判断丝的品质是好是坏的？

答：缫丝主要是把丝从蚕茧中抽出来，即抽丝剥茧。缫丝是经过很多工序的，从原料的进仓开始，经过剥茧、选茧、煮茧到缫丝，真空渗透到复验、编丝、搅丝，检验后才可以包装入库。质量保证首先就要经过选茧，把不能缫丝的蚕茧剔除。然后煮茧，运用温度、水和工艺把蚕茧煮熟后抽丝。所以决定丝的品质最关键的环节是前缫车间，前缫车间的工序检测捻度、纤度、匀度和净度等一系列质量指标。

△ 现场采访

问：南海丝厂发展到现在，其见证了整个珠江三角洲的桑蚕丝业的发展，请问现在丝厂存在哪些难以解决的问题?

答：难以解决的问题是大势所趋下的市场经济使当地没有缫丝原料，因为整个珠江三角洲的蚕桑基地都向粤西粤北转移，所以原料只能去外省采购。导致整个采购成本增大，加上环境影响，整个经营成本也大大增加，动力成本因改烧柴油而增加，随即环保成本也增加了。因五险一金等各方面的劳动保障条件增加，人力资源成本也提高了。

问：您作为传统缫丝技艺传承人，是怎样传承此文化的?现在学这门手艺的人多吗?

答：我对技艺的传承是在西樵的简村。1873 年陈启沅在家乡西樵简村创办了第一个机器缫丝厂，也说明缫丝厂建立在南海是有历史地理渊源的。创办机器缫丝厂后珠江三角洲（顺德、中山等地区）开始规模建立机器缫丝厂，进而缫丝效率提高，蚕丝质量也提高，但触动了部分人的经济利益。因为本地缫丝厂效率低，产量也低，而机器缫丝效率高，则所需的原料更多，因此原料都流进了机器缫丝厂，本地缫丝厂没有原料生产，最后本地缫丝厂经济效益降低了。本地缫丝厂的那部分人就去机器缫丝厂砸烂机器，加之当时的县令也因工厂里男女合作缫丝，不符合当时的社会风俗而下令关闭机器厂。陈启沅随后把机器缫丝厂搬去澳门。原本的机器缫丝是集中生产，陈启沅想改变现状继而发明了脚踏缫丝机。脚踏缫丝机可以实行分散生产，实行蚕茧原料自己种，在家缫丝的这种模式，其生产的效率、质量也是一样的，也同样出口。他总结了外国的经验发明创造的脚踏缫丝机直至解放前还有人在用，所以陈启沅创新改造地去支持家乡发展生产的精神值得企业家们学习。南海丝厂由生产到停工，到现在仍经营着，能够使丝厂继续发展，重要的是传承，传承先辈宝贵的经验和创新精神，所以在丝厂修建了展览厅和丝绸博物馆，在博物馆摆设一台仿造的脚踏缫丝机。展览厅里有丝厂生产的产品，这样不仅吸引社会各方人士参观和推荐丝厂的产品，还宣传当地桑蚕丝的知识。

问：我们了解到南海丝厂是珠三角地区唯一保持缫丝生产的企业，对于丝厂未来的发展您有什么憧憬？您希望它朝着什么方向发展？

答：由于当地原料紧缺，所以更要焕发丝绸文化活力。借助当地重视丝绸文化发展和对非遗的传承创新，当地也投入资金进行旧厂修葺，未来应结合企业文化进一步扩展，使更多的中小学生来丝厂参观学习，了解南海历史，了解丝绸历史，以及科普相关的缫丝知识。

△ 抽丝机

问：您作为传统缫丝技艺的传承人，对年轻一代有哪些希望与寄语呢？

答：希望年轻一代能多关注中国的历史，多关注本土文化，特别是中国几千年的丝绸文化，况且国家正在推行“一带一路”，希望通过丝绸之路把我们的文化和产品推向全世界，带动中国的经济发展。希望他们向先辈学习创新精神，如陈启沅创办了缫丝机器厂和发明了脚踏缫丝机，对当时的中国产生了一定的影响。

香云纱染整技艺调研

采访时间：2019 年 4 月 27 日

采访地点：佛山市顺德区香云纱保护园

采访者：梁洁仪、黄燕娥

受访者：香云纱保护园负责人

问：在制作香云纱的程序中，您觉得哪一步是最重要、最关键的？为什么？

答：最关键的就是晒的薯莨水的浓度。最重要的就是老师傅，师傅没经验的话那个布就染不出那种效果，可能会把它染坏，所以最重要的就是有老师傅了，几十年的经验，没有他，香云纱肯定是做不出来的。

问：您觉得香云纱与苏杭丝绸有什么区别？

答：杭州丝绸它是薄的、很轻的，特别薄的那些就容易坏，容易勾丝、起皱，穿着坐在那里容易皱，又不好打理，就是皱了马上进行熨烫，烫平整了再穿上，等一下还是会皱起来。但是香云纱它会结实很多，耐穿、耐磨、抗皱，又好打理，放着还能防虫，不会被虫子蛀掉，它又抗盐、抗氧化，其实功能很多，还有好处也很多，最重要的是它穿的时间长，比较有价值吧，如果买来穿两次就不能穿了，那也不会想再次购买了。有个顾客她买了穿了几十年了，还放在那里保存着，说以后博物馆建好了要拿过来展览。香云纱就是越穿越软，越穿越舒服的。

佛山饼印调研

采访时间：2019 年 4 月 27 日

采访地点：杨海成师傅的工作室

采访者：雷颖儿、谢燕霞、杨佩仪

受访者：杨海成

△ 杨佩仪、雷颖儿、杨海成、谢燕霞合影

传承人简介：

杨海成，1955 年出生，第三批市级非物质文化遗产佛山饼印项目传承人。1972 年入佛山市工艺厂跟随劳游镜学习饼印雕刻。佛山市工艺厂是佛山市第二轻工业局下属的工厂，工艺厂的拳头产品为凹、凸雕两种，分别是徐浩、劳游镜所做。杨海成三年出师，1979 年取得“广东省工艺美术展览凹雕突破奖”，图样设计为工艺厂设计室的庞大成，1982 年离开工艺厂。杨海成从事饼印行业 40 多年，曾为香港荣华饼家、广州莲香楼、翠香饼家、陶陶居、洋溪酒家、佛山宾馆酒家、梅园酒家、佛山公兴隆饼家等公司制作饼印。代表作品有：最大饼印——《嫦娥奔月》，最受小朋友欢迎的饼印——棋子饼的饼印，最得意之作——虾蟹题材的饼印，最传统饼印——“梅兰菊竹”蒸饼印、“龙凤”婚嫁饼印、“猪笼入水”猪仔饼印、“独占鳌头”开笔礼鳌鱼饼印，最创新饼印——卡通形象的饼印等。

问：佛山饼印和潮汕饼印有什么区别？

答：佛山饼印和潮汕饼印是不一样的。佛山饼印是面向东南亚、港澳台，拥有 500 多年的历史，并且以销售为主；潮汕饼印是内陆使用，并且是以风俗习惯来使用的。

问：您创作饼印的题材来源于哪里？

答：以文化为载体，上一代传下来的文化。创作来源以以前的元素为主，但是现阶段有做出改变，因为随着时代的变化，使用的饼印已经机械化，现在的饼印大多数用于艺术。

问：制作一个饼印需要多少时间？

答：很难准确地说，有些一个小时就可制作完成，有些则需要几天。艺术饼印至少需要三个小时，实用的饼印制作时间就会比较少，因为是批量生产。

问：制作饼印的工序有哪些？

答：需要看你是要做什么样的饼印，有些是批量生产，但是如果你说你特意定做一个，那就不一样，要看你所需的性质。

现场采访

问：制作饼印的材料有哪些?

答：有很多种类的，实用性和艺术性、拿来观赏的材料又不一样。实用性的是用炫木，因为用来打饼对人体无害；如果是用来展览观赏的话则用进口木；艺术性的是用釉米木。不同用途所选材料不一样。

问：在您制作的众多作品当中，您认为最佳的作品是?

答：都有，因为有分实用、观赏、艺术的。因为现在年纪大了，所以制作的饼印都是用来观赏的。前一段时间，我也帮一位顺德乐从制作饼的传承人制作了一套 12 生肖的饼印。

问：现在您对佛山饼印有什么憧憬?

答：想让年轻人学习一下，希望政府大力支持，现在想让非遗产生经济效益很难，只能保留，现在的一些非遗传承人都是上了年纪的，年轻人又不愿意去学，觉得挣不了钱。因为现在都是机械化生产，手工上的时间耗费又大，因此佛山饼印并不受青睐。我曾经到外地旅游，其当地政府大力支持非遗，打造非遗与旅游观光，实现非遗弘扬与传播，并且也为非遗传承人的生活提供一定的保障。

△ 杨海成作品

喜万年年礼饼制作技艺调研

采访时间：2019 年 4 月 22 日

采访地点：喜万年年礼饼店

采访者：陈斯炫、王晓莹、王方钰

受访者：何雪芬

△ 王方钰、陈斯炫、何雪芬、王晓莹合影

传承人简介：

何雪芬，人称芬姐，1963 年出生于顺德伦教，在顺德一点心之家成长。何雪芬的父亲何林，一直致力于学习其叔父何厚恩的点心手艺，并成为东方饭店的点心名师，工作之余还运营着一个点心家庭小作坊。何雪芬从小深受此氛围熏染，从此开始与面粉打上交道。1979 年，高中毕业，也许是兴趣使然，何雪芬踏出校门后随即入职伦教供销社饼厂，并有幸师从何铨师傅，从此在学习做饼的日子中正式与饼结缘。1983 年，何雪芬正值风华，造饼手艺日益成熟，用自身对市场的洞察力，看到做饼行业的发展前景，毅然选择回家接手父业，运营家庭作坊，并且日渐将其规模化。当时何氏礼饼凭着货真价实的用料，受到伦教一众街坊的认可，名气渐渐打响。1992 年，何雪芬已有十多年的市场经验，敏锐的洞察力再一次告诉她餐饮业的发展前景，遂和先生一起创造了伦教“喜万年酒楼”。不仅酒楼，一直经营着的自家饼家也用上了“喜万年”这个名字，最后便成了大家眼中熟悉的品牌。自此至今，“喜万年”不仅是伦教本土著名品牌，在顺德各镇区，乃至南海多个镇区、中山、广州等地开出了 13 家直营饼店。

问：您认为“喜万年”可以传承那么多年有什么独特之处？

答：传承和创新做得比较好，延续传统文化精神，五代人坚持做一件事。

问：请问“喜万年”的品牌理念是什么呢？

答：我觉得是一种责任感。女儿在国外念书的时候，觉得外国的传统文化保留得比中国的好，她不想我们的传统文化过一段时间就消失。

问：纯手工制作的礼饼和机械制作的礼饼有什么区别？

答：因为机械的力是平均的，而手工制作的，会根据一块皮，中间会厚一点，周边薄一点，然后包起来，就不会使礼饼容易分散。

问：对以后的包装有什么需要改进的吗？

答：我们以后的包装都会采用环保的设计理念，因为女儿说每年都会丢很多吃完礼饼的盒子，所以要从环保做起，设计成一个收纳盒和灯笼。我们还注重包装设计得漂亮，好多人都好像在集邮一样，客厅、房间、茶几都可以放。我们就希望可以做到环保，但要人家喜欢你的产品，就要让人觉得你的设计有意思。

伦教糕制作技艺调研

时间：2019 年 4 月 26—27 日

地点：欢姐伦教糕总店

采访者：第 1 小组　李泳恩、罗嘉怡

第 2 小组　梁钰珩、周丽橦

受访者：梁桂欢

传承人简介：

梁桂欢，国家非物质文化遗产伦教糕第四代传人，被称为“中国烹饪名师”和“中国点心名师”，旅游酒店餐饮业国家一级评委，佛山市顺德区饮食协会副会长，2017 年获评“中华金厨奖”，并获得“中国烹饪大师”称号。于 2013 年 6 月 21 日注册成立了“广东顺德梁桂欢伦教糕食品有限公司”。梁桂欢伦教糕食品有限公司所制作的伦教糕皆称为“欢姐伦教糕”。其产品伦教糕被评为中华名小食、广东岭南特色食品，获广东名小食金奖。梁桂欢伦教糕食品有限公司已被定为广东老字号。

△ 李泳恩、梁桂欢、罗嘉怡合影

▽ 梁桂欢、周丽橦、梁钰珩合影

问：要做出一份好吃的伦教糕您觉得最重要的是什么？

答：你知道，在我欢姐这里已经是第四代了。那做每一个产品原材料都是非常重要的。做好一块伦教糕，“米”必然是最重要的，伦教糕主要的原材料就是“米”。“米”就代表“谷”，我们的谷几代人一直都是自己种的。还有工序一步都不能少，我们的伦教糕一直都是根据祖辈传下来的手艺、工序做的，做好每一块伦教糕就一定要做好这几个要点。

问：您觉得有没有什么词语是可以代表伦教糕的？

答：例如现在很多文字报道上，一谈到伦教糕就美誉为“玉洁冰清品自高，蒸出岭南第一糕”，这就赞誉了伦教糕的口感、色泽和品味，这几个词语就可以代表我们的伦教糕。

问：您认为要把伦教糕传承下去最重要的是什么？

答：最重要的是工匠精神，工匠精神就是每一个环节、工序都要把控好。因为我们的伦教糕一直都没有用发粉、酵母这些辅助的，全部都只是靠我们的谷种来起发的，是纯天然的。

问：您认为有些什么是值得注意的，例如说这样做就会失去伦教糕的味道？

答：做的时候和做好之后都要把控好，譬如说我们的伦教糕蒸出来之后是要常温放两天的，那你就必须常温放两天。又要根据四季天气的变化来进行相应的调整。做的工序不能缺少，做好的产品又要储存好。

问：您觉得伦教糕可以有些怎样的创意吃法？

答：创意吃法有很多，例如我们原味的伦教糕是一直都有的，还有在我接手之后，原来我爸爸教我的是白糖的伦教糕，现在有黄糖的，还创新到蛋煎伦教糕、脆皮伦教糕。就有很多不一样的吃法，怎样不一样呢？我们就填一些蛋浆下去，加一些麦片放在表面，又是一个吃法。

问：您觉得伦教糕反映了顺德伦教人怎样的饮食文化?

答：因为伦教糕到今年已经有 164 年历史了，都是我们梁氏家族一代代传下来的。就传承了顺德人勤奋、朴实的精神。因为一个产品，特别是糕点类的，能够守这么久，守着一代代传承下去，这是我们顺德人的精神，是传承精神。在点心食品类我们伦教糕的价格是最便宜的，但我们是最健康的，因为是纯天然起发，特别是做的工序是最长的，但卖的价钱又是最便宜的。

问：能不能给我们解释一下网上评价的好的伦教糕“猪膏面、三横眼”是什么意思?

答：例如这样你一打开看到的，这就是猪膏面，反光的，像猪皮一样。还有三横眼就是三种纹，你可以看到上纹和下纹是不一样的。下纹小一点，呈竖立状，中间的就是横直状的，上纹的孔就比较大，下纹的孔像针一样的，猪膏面，鸡爪纹。不是我们正宗的梁氏伦教糕的面是平的。但我们的伦教糕的面是凹凸不平的，没切开之前更加明显，现在切开了就要告诉你，你才体会得到。吃糕就要吃边，边是最好吃的。表面上的凹凸不平就像鸡爪一样，有一个像鸡爪一样的形状。这些凹凸不平是我们的工艺形成的，一蒸出来就是这样的，

△ 簸箕

△ 伦教糕

没得加工的，不是人工做出来的。像视频看到的我们把米浆到进去，蒸出来就是这样的，所以这是梁氏伦教糕的特征。“猪膏面、三横眼”就是这个意思。

问：您觉得好的伦教糕应该带给客人怎样的体验?

答：不能说是好的伦教糕，而是你要懂得欣赏伦教糕，知道它的来源。其实外面的是白糖糕，盗用了我们的名字。伦教糕是根据地方名而得名的，这里是属于顺德伦教，外面的吃起来口感都不一样，口感和“眼”（纹）都不一样的。很多外国、外省的旅游团过来吃第一反应就觉得是白糖糕，但其实口感是不一样的，特别是香港澳门那边的很酸，因为其实他们是用米粉做的。他们的那些我们这里叫白松糕，他们叫白糖糕。白松糕我们这里也有，但是白松糕和松糕在顺德是我们这样上了年纪的人才知道，才吃出原来五六十年代的传统的味道。

△ 石磨

九江双蒸酒酿制技艺调研

采访时间：2019 年 5 月 5 日

采访地点：佛山市九江酒厂有限公司技术总监办公室

采访者：杨泳淇、顾淑仪

受访者：何松贵

△ 现场采访

传承人简介：

何松贵，省级非物质文化遗产九江双蒸酒酿制技艺第十六代传承人。他也是中国白酒工艺大师，在传承与发展方面做出不懈的努力，在保证传统产品“九江双蒸酒”的质量前提下，努力开发新产品，先后研制、生产出“九江十二坊”“鱼花竹”“粤宴”等新产品，特别是“金装五年陈”的上市，促进了公司产品结构的升级调整，提升了市场竞争力。在他主持下的公司内部科研立项和产学研究项目，为公司技术战备的实施提供了理论依据和技术支撑，也为公司储备了新产品、新技术，为未来的技术战略奠定了坚实的基础。

问：九江酒厂有什么历史渊源?

答：酒厂原先是小酒坊，有个十二酒坊。1952 年，由私有企业转变成国有企业。（1821 年）现已有 200 年历史。之所以成立酒厂，有偶然，也有必然，是因为地理位置优越，有丰富的资源，有需求就有供给。

问："双蒸"名字的由来是什么?

答：双蒸严格来说是一道工序，我们酒厂拿来作为商标使用。由于以前的条件落后，只能用柴火蒸饭，一次温度只能让酒达到 15 度，需要两次蒸煮才能达到效果。

问：酿酒的重要步骤有哪些?

答：我们的米酒为豉香型米酒，特别之处有两个：第一，用黄豆做曲，其他酒是没有的；第二，加入肥猪肉陈酿。口感顺滑和纯，酒度低而不淡。

问：对于工艺的传承您有什么看法?

答：工艺已有 200 年历史，每个时代的消费者的口感和要求不同，一方面要传承，另一方面要根据消费者的需求和现代科技的进步去创新。

▽ 九江双蒸博物馆

6.1.2 实地调研花絮

关帝诞

佛山剪纸

2019 年 4 月 27 日，梁嘉欣、魏泽茵、李绮琪、李莹囿、陈家琪调研时，拍摄的佛山剪纸传承人饶宝莲的作品。

逢筒水乡

罗行竹编

何丽珍、江数胜采访视频截图

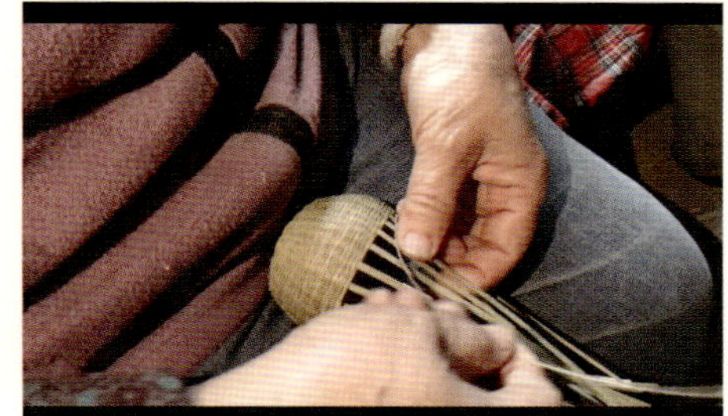

西樵大饼

采访时间：2017 年 3 月 25 日

采访地点：天园饼家

采访者：黎泳怡，黄熹琳，傅婉文

受访者：陈绍钊（“西樵大饼”非遗项目第六代传承人）

大头佛

采访时间：2017 年 3 月 25 日

采访地点：光叔家里

采访者：仇梓澄、邓彩芸、邓芷扬

受访者：梁光泰

李绮琪、何绮琳、黄佩珊小组与自梳女梁结元合照

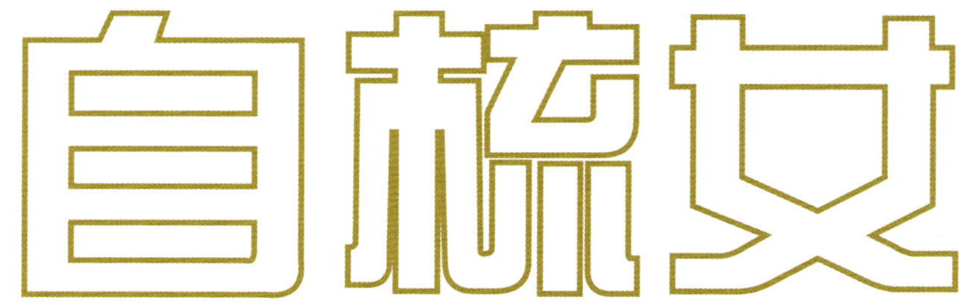

自梳女组（梁炎华、陈佩梨、罗思思）
走访顺德均安最后的自梳女之一梁结元（89岁）

程杏水摄

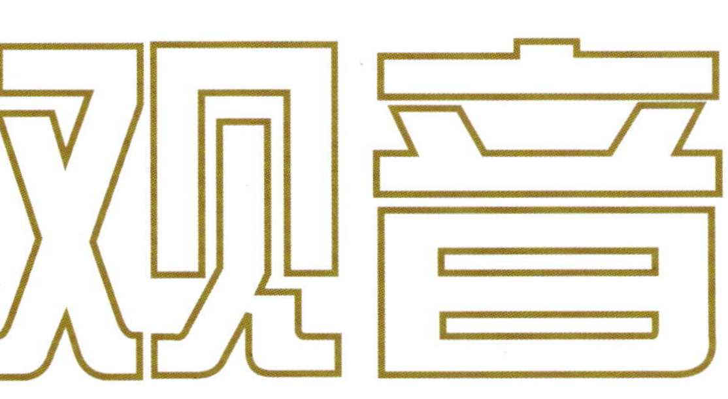

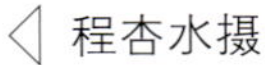

程杏水摄

6.2 作品赏析

民间文学

启蒙、经典——《三字经》

《三字经》品牌设计定位：启蒙

标志以陈村登洲三字经文化园（“区适子纪念馆”）地标建筑为原型，结合《六书通》中的“三”和“经”字进行创作。蓝色选用的是陈村登洲《三字经》书皮的颜色。

[亮点]点评：设计者试图将《三字经》中获得的艺术审美体验转化为视觉语言，让观者能用欣赏文学作品艺术美的角度去重温《三字经》。所以，她结合《六书通》的汉字字体研究与地标建筑研究，设计出该标志作品，有文化，有地域性，是一个有益的尝试。

创意加法： + 巠 + 三

奖项：第三十六届“广东之星”创意设计奖二等奖

2017

Dengzhou Three Character Primer

登洲三字经

设计者：陈晓茵

专业：15级会展

《三字经》品牌设计定位： 庄重、经典

《三字经》是我国古代重要的启蒙教育经典，更成为世界各地了解和认识中国古代文化的重要读物。标志采用经书的颜色——藏蓝色，代表蓬勃发展，体现《三字经》的庄重、经典。而标志的主体造型则是将“区适子纪念馆”的造型与“三字经”融合在一起，添加拱形的大门，寓意将会有更多的人前来开启阅读《三字经》的大门，同时也开启传承经典、发扬经典文化的大门。

[亮点]点评： 该作品没有一味地追求宏大的国风元素而失去精致的东西，反而是让国风元素拱门恰到好处地融入标志设计的主体中。在标志色彩搭配的执行中，更是做了上千稿的尝试，每一次的尝试都源于一个调研结果。

创意加法：  +  + 

设计者：倪伟娜

专业：15级会展

奖项：第四届中国高等院校设计作品大赛三等奖

刊登：《中国高等院校设计作品精选年鉴》

2017

《三字经》品牌设计定位：不忘初心

标志用祠庙的侧面作为屋顶，运用“三字经”三个字的变形拼成三个连续的祠庙，而前面的曲线则是结合了三字经文化园的护堤，可以生动形象地突出地标的效果。另外，标志呈现土黄色，是中国传统古香古色的颜色。

［亮点］点评：该作品有很强的画面感，有山，有水，有建筑，同时，这个画面感又将“三字经’三个字巧妙地设计成一个整体，让标志增添了和谐感。

设计者：曾广莹

专业：15级会展

奖项：第三十六届“广东之星”创意设计奖三等奖

第四届中国高等院校设计作品大赛优秀奖

刊登：《中国高等院校设计作品精选年鉴》

2017

《三字经》品牌设计定位：启蒙

标志以三字经文化园的外形为主体，加入“三字经”的变形，又因为古代的三字经都以竹简的形式呈现，所以标志设计成条形。颜色采用了金黄色，代表着智慧之光，而渐变效果则强调标志的变幻无穷。

[亮点]点评：作品出自同一个设计者之手，展现的是设计者试图通过捕捉到的各种闪光元素来创作各种可能的作品。事实证明，这些尝试是有意义的。

设计者：曾广莹

专业：15级会展

传统音乐

古雅——岭南古琴艺术

岭南古琴艺术品牌设计定位：古雅

古琴，中国古老的传统弹拨乐器。《高山流水》是中国的十大古曲之一，因高山流水遇知音的故事而广为流传。标志的外形隐约像一座绵绵高山，水在缓缓地流淌。该造型是琴尾跟琴弦的结合，以琴尾为高山，以琴弦为流水，营造出清微淡远的意境。标志的颜色采用了古琴漆色——朱黑色，幼圆字体与标志浑然一体，描绘出高山流水的画面。

［亮点］点评：古雅的提出，一语双关，既有物质意义的古琴之古，也有时间意义的历史之古。简洁清晰的表达极富画面感，有山，有水，有知音。

设计者：凌秀文

专业：17级会展

奖项：第三十八届“广东之星”创意设计奖优秀奖

第十三届“创意中国”设计大奖优秀奖

第六届中国高等院校设计作品大赛优秀奖

刊登：《中国高等院校设计作品精选年鉴（2019卷）》

2019

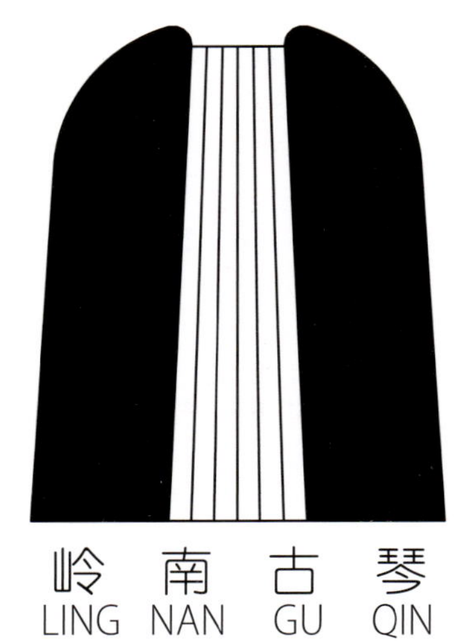

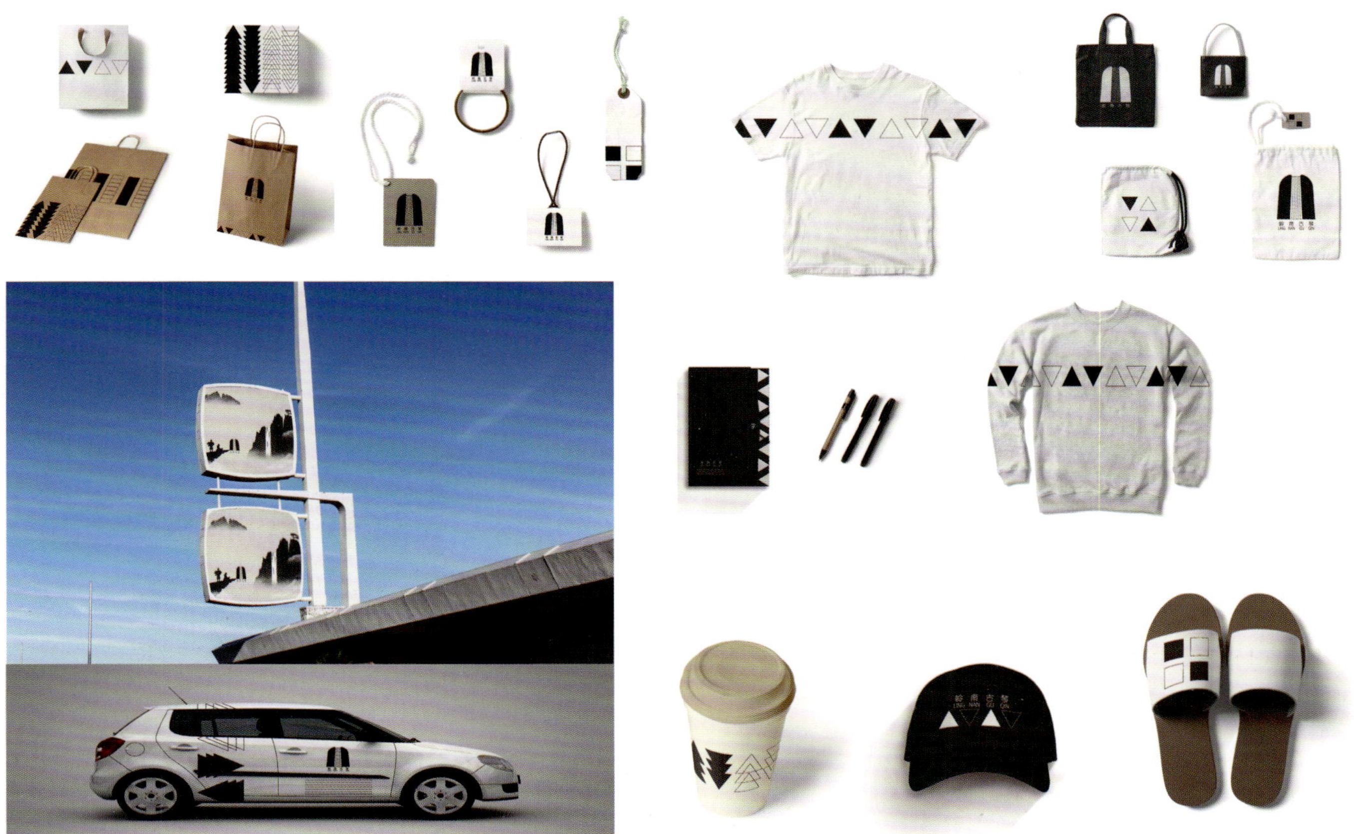

喜庆、喜悦——锣鼓艺术（八音锣鼓）

入选：第三届全国平面设计大展

刊登：《中国创意设计年鉴·2018—2019》

八音锣鼓柜品牌设计定位：喜庆

锣鼓柜是一个装饰华丽，用来放置打击乐器的木柜。唢呐声，锣鼓声，大街小巷里奏响的不仅是音乐，更多的是对大家的祝福与关爱。标志上五种色块采用了锣鼓柜上彩带的颜色，呈现出锣鼓柜给人的喜庆祝福之意。每个字紧密相连，就像锣鼓柜给大家送上欢乐祝福的同时，大家回馈以真诚由心的喜悦。标志整体由字体变形得来，呈方正，笔画简洁，更好地体现出八音锣鼓柜的稳重。同时结合了简单的几何图形，使标志更具有时代感，正是为了唤起大家对国家非物质文化遗产八音锣鼓柜的兴趣，更好地传承与发扬这种文化。

[亮点]点评：该作品基于设计者对平面构成中点、线、面的理解，以及色彩构成互补色的运用。标志繁而不乱是基于以圆的外形为统筹，整体不缺凝聚力。

设计者：郑雪莹

专业：16级会展

2018

八音锣鼓柜

八音锣鼓柜品牌设计定位：喜悦

标志的主体造型为八边形，融入“鼓”字和笑脸。八边形是“八音”的“八”，表达八音锣鼓柜包含多种乐器，也寓意着传统文化的多样性。将“鼓”字结合乐器锣、鼓、鼓槌等造型，表明标志的属性。左边是击鼓者敲击鼓面，右边是舞者翩翩起舞，生动再现八音锣鼓柜演奏时的场景。标志右上部分既是鼓槌，又是一颗杏子，寓意“杏坛”。因为杏坛是目前八音锣鼓柜保存较完好，且一直致力于弘扬八音锣鼓柜的地方。八音锣鼓柜多演奏于节庆日，笑脸的运用是为了体现八音锣鼓柜给人们带来的喜悦气息，营造热闹的文化氛围。渐变的古铜色，一方面符合八音锣鼓柜外观的金属色，另一方面体现锣鼓柜演奏时铿锵的力感和历史感。

［亮点］点评：该作品将字体设计和图形设计相结合，将八音锣鼓柜与八音锣鼓活动相结合，是一个感情丰富的标志设计。

设计者：李依晴

专业：16级会展

入选：第三届全国平面设计大展

刊登：《中国创意设计年鉴·2018—2019》

2018

八音锣鼓柜

Ba Yin Luo Gu Gui

传统舞蹈

生生不息——龙舞（醉龙）

中山醉龙舞品牌设计定位：生生不息

中山醉龙舞又称剪龙、转龙，是一种起舞时要醉态朦胧的汉族舞蹈，每年的农历四月初八举行。标志将醉龙舞的龙头形状与酒杯的形象相结合，并设计成重影效果，凸显舞醉龙者“形醉意不醉，步醉心不醉”的景象。标志选用红色丝巾中的颜色，此色给人一种充满活力的感觉，符合醉龙舞复活的气象和生生不息的力量，红色图案与黑色字体搭配能给人一种简朴而深刻的印象，也是中国历史文化源远流长的一种体现。

［亮点］点评：该作品从感觉出发，研究由感觉延伸出来的现象的表达方式。如何表达醉意，又应该如何将醉感与舞龙同步表达在一个标志中，是这个选题需要解决的核心问题。显然，设计者找到了解决办法。

设计者：刘彩仪

专业：14级会展

奖项：第三十六届“广东之星”创意设计奖入围奖

2017

醉龙舞

ZUI LONG WU

屹立不倒——大头佛

奖项：第三届全国平面设计大展入围奖

2018

大头佛品牌设计定位：屹立不倒

标志整体是一个不倒翁的形态，给人活跃鬼马的感觉，符合大头佛欢乐、勤奋、强身健体的精神寓意，在时代变迁中永远“摇”传下去，屹立不倒。颜色采用红、黄、蓝、黑，鲜丽突出，营造大头佛的个性特征。

[亮点]点评：该作品的不倒翁形象一出来，鬼马有趣的大头佛形象便一并呈现在人们眼前。更可贵的是，用耳熟能详的不倒精神描述优秀传统文化本身永不倒，传承传统文化的行动永不倒。

设计者：许妙寒

专业：16级会展

传统戏剧

勇敢——粤剧

奖项：第三十六届“广东之星”创意设计奖一等奖

2017

顺德粤剧品牌设计定位：勇敢

粤剧的表演剧目主要以家庭、婚姻的伦理剧为主，主意打破常规、勇敢追求真善美的正能量。采用几何图形构成粤剧的“粤”字，近看像“粤”字的变形，远看像粤剧的脸谱。以蓝、红两色为主色，金色描边。蓝、红两色是粤剧服饰中的经典颜色，蓝色在粤剧中有着勇敢的意味，红色则符合粤剧中热血追求真善美的正能量；而金色来源于粤剧服饰中的盘金绣，盘金绣是汉族的民族传统工艺之一。采用了图文组合的形式，文字采用了腾祥范笑歌楷书体，表现了粤剧的铿锵有力。

[亮点]点评：最励志的例子非它莫属，要不是得知获奖了，设计者们又何曾相信自己是可以的，毕竟一直待在落后的队伍里面，可谁又知道他们为了调整一个造型、一个颜色，竟然做出了上百次尝试，所谓破釜沉舟才有功德无量。

设计者：梁建彤

研究员：梁子聪　梁婉岚

专业：14级会展

曲艺

生机勃勃——龙舟说唱

奖项：第三十六届“广东之星”创意设计奖优秀奖

2017

龙舟说唱品牌设计定位：生机勃勃

龙舟说唱是流传于广东珠江三角洲地区的曲艺，在龙舟歌中寄托了人们趋吉避凶的美好愿望。标志之所以利用龙头、唱麦、摇滚手势这些特色元素去表达，是缘于“龙舟说唱”中的“说”和“唱”，如同新时代青年人喜欢的“rap”，暗喻新旧事物的融合，让“濒临灭绝”的龙舟文化重焕生机。

［亮点］点评：该作品是年轻人熟悉的摇滚视觉符号与传统龙舟说唱的视觉符号碰撞后的创新。其表达铿锵有力，用时下年轻人对潮流文化的热爱类比对优秀传统文化的热爱，是一种有传承的创新。

设计者：欧阳敏杰
专业：15级会展

传统体育

团结——赛龙舟

赛龙舟品牌设计定位：团结

在顺德，赛龙舟是每年的端午节最隆重的活动之一，人们以赛龙舟来表达团结美好的意愿。标志采用红色，代表着团结与和谐。主体采用正圆，结合人与龙的象征元素，如“人龙结合”，彰显“人心齐，龙舟移”的主题，同时也表达出“团结一心”的理念，传达人与自然和谐共生的意愿。

［亮点］点评：该作品整合了龙舟活动的多个元素，龙舟、人、船桨、围观的群众等，寓意天人合一。

设计者：何曼榕　甘丽祺

专业：15级会展

刊登：《中国高等院校设计作品精选年鉴（2017卷）》

2017

有容有度——蔡李佛拳

蔡李佛拳品牌设计定位：有容有度

提取蔡李佛拳的招式“双炮冲天”，和拳头与云相结合，除表达出招式的虚实结合之外，更是表达其对未来像“双炮冲天”那样冲破天际，冲到宇宙，蒸蒸日上的一种希望。提取铜的颜色“黄铜色”，强调拳的刚硬；以黑做底，表示在宇宙之中。字体采用黄铜色，与标志相对应。贯彻“双炮冲天”的形式感，出拳有度，行云流水。

［亮点］点评：类似于拳术这样的传统体育，在挖掘文化基因时相较于载体明显的传统美术更难寻找到独特的象征符号。设计者聪明地从拳术的招式中凝练出视觉符号元素，提示着非遗的文化符号可以从相对应的物质空间环境中提取 。

设计者：林树铨

专业：17级会展

传统美术

玲珑百窍——粤绣（广绣）

广绣品牌设计定位：生动

华清野尘未曾来，孔雀屏深扇影开。孔雀被称为“百鸟之王”，是善良、聪明、爱自由与和平的鸟，也是吉祥幸福的象征，在广绣中更是常见的运用元素。标志选用广绣的绣花针与线作为基础元素，形成孔雀的形态。结合广绣作品常见的鲜明饱满的色调搭配，线头穿过针之后尾部开屏分为四线，以蓝、绿、黄、红四种饱满的颜色分别代表广绣四大绣法：线绣、绒绣、珠绣和钉金绣。针赋予线以生命力，针线结合，就如同广绣作品中的孔雀，充满活力，绽放光彩。孔雀头呈上扬的高傲姿态，与字体设计同形。

［亮点］点评：该作品运用生动的视觉语言，即针线的穿插构图，色彩的变化等，表达生动的广绣技艺，即开线的高超技艺和起针落针间的变化过程，以及生动的广绣画面——孔雀。

设计者：陈婷娜

专业：17级会展

奖项：第三十八届“广东之星”创意设计奖优秀奖

第十三届“创意中国”设计大奖优秀奖

第六届中国高等院校设计作品大赛三等奖

刊登：《中国高等院校设计作品精选年鉴（2019卷）》

2019

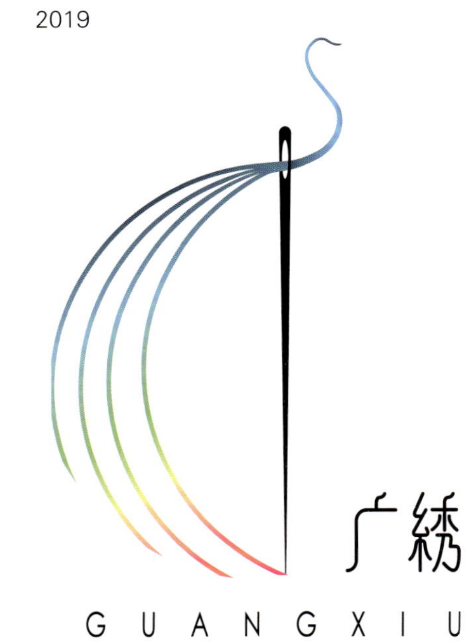

广绣品牌设计定位：精致

标志为劳氏广绣品牌设计，以广绣“平直、细密、整齐”的特点为理念，体现它的繁而不乱。标志由细密线条、三角形、“黻”纹样、孔雀组成。运用正负形，正形以绿线条形成“劳”字，以红线条形成“广”字，即劳氏广绣；负形以三角形形成“南”字，代表岭南特色。金线代表钉金绣，突出广绣注重细节的特点。两边线条形成两只孔雀，寓意富贵吉祥。以线条感为创意点，表明广绣以线条为主要构成的表现形式。以广绣代表色红、绿为主，金为辅，相辅相成。红绿相间，留水路，渲染欢乐热闹的气氛。金色代表华丽尊贵，象征广绣的高贵典雅。“劳氏广绣”四个字以点、线、矩形等基本要素构成，与图案相得益彰。

[亮点]点评：该设计是专门为非遗传承人独家品牌创作的作品，研究深入，剖析到位，视觉表达独具广绣特色，处处体现精致的特点。

设计者：魏晓雯

专业：17级会展

奖项：第十三届“创意中国”设计大奖三等奖

2019

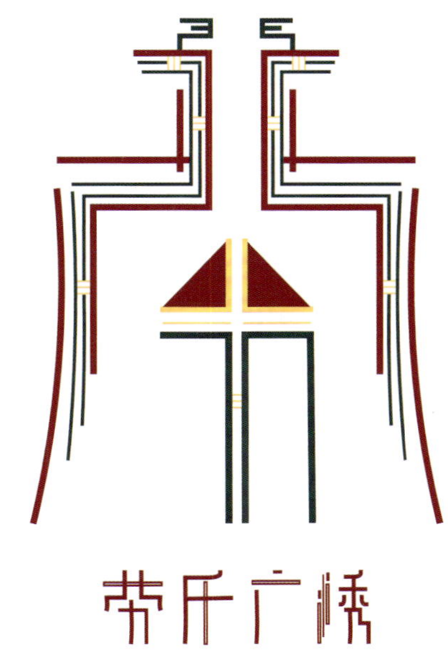

广绣品牌设计定位：柔美

广绣以孔雀、牡丹等作品在四省市绣品展览竞赛中被评为四大名绣之一，后孔雀、牡丹成为广绣的常用元素。作为鸟中之王、花中之王，孔雀、牡丹二者代表了雍容大气与高贵典雅的形象。广绣在发展之初秉着“传男不传女”的传统，只有雄孔雀能够开屏。本标志结合孔雀、粉红牡丹元素，进行正负形结合，形成广绣的“广”字；牡丹花瓣呈向上绽放的姿态，象征广绣传承的蓬勃“生命力”，预示着这一中国传统刺绣工艺的发展潜力。

色彩选用代表富贵的宝石红和代表端庄秀雅的牡丹粉红，自下往上由深到浅形成渐变，象征广绣发展历程以及扎实的艺术基础。字体中的笔画与孔雀头部姿态达到了形似。

［亮点］点评：该作品通过花、女性等元素表达广绣之柔美，也表述了现代刺绣女多男少的特征。字体和图形的巧妙结合，更是该作品的亮点。

设计者：陈婷娜

专业：17级会展

奖项：第十三届“创意中国”设计大奖优秀奖

第六届中国高等院校设计作品大赛优秀奖

刊登：《中国高等院校设计作品精选年鉴（2019卷）》

2019

广绣品牌设计定位： 丰富多彩

标志为非遗广绣设计，造型为正方体，将广绣四大绣法和针法结合。四面分别是风车针、洒插针、扭针、圆子针四种针法，以镂空表现形式将广绣独特的钉金绣、绒绣、线绣、珠绣融为一体。四面连接处的空白间隙为水路，运用水路的独特技法，使之层次分明。标志以立体为基础，展现了广绣不只是表现平面，强调了物像的逼真，体现了传神的灵魂。标志采用广绣四大绣法代表色金、粉、红、绿，以现代流行的渐变色视觉呈现，焕发朝气活力，体现广绣的生命力。

标志字体运用中文与拼音，绣字的“纟”由广绣字母缩写 G 构成，中间渐变色线条与标志形成整体。镂空的正方体与字体相照应，像一束追光照亮着广绣。

设计者：魏晓雯

专业：17级会展

［亮点］点评： 二维到三维甚至更多维度的转化，是需要设计者去尝试和突破的。

广绣品牌设计定位：希望

标志造型以太阳照射下的具有岭南特色的镬耳屋为原型，结合广绣常用题材孔雀的侧面进行创作，标志的间隙体现广绣擅“留水路”的特点。采用金色、孔雀蓝及具有广东特色的花青色进行渐变，突出广绣层次丰富、针脚平齐细腻的特点，也表现出孔雀的丝理和轻盈光亮的质感，呈现出远近层次和光线明暗的效果。字体结合绣线进行设计，“广”字与标志外形镬耳屋相呼应，拼音融入孔雀、绣针的元素，“G”是孔雀，“i”是绣针。标志中由镬耳屋上金色太阳结合孔雀的羽冠形成的图案像广绣首字母G，又表达了青年人用激情点燃传承的希望，用行动以创新的态度传承广绣非遗文化。

[亮点]点评：镬耳屋是许多文化设计愿意使用的素材，设计者要做的是既能让标志体现地域文化特色，又能使表达脱颖而出。

设计者：翁舒嫚
专业：17级会展

奖项：第十三届“创意中国”设计大奖优秀奖

2019

广绣品牌设计定位：传神

标志是为非遗广绣设计，以传神为设计理念。运用广绣丝线常分为 16 丝的原理，结合广绣常用题材孔雀及圆形绣框进行创作，16 丝线串联在绣框上既表现出孔雀开屏的美丽傲然的姿态，又表达了非遗传承人一针一线倾注心血，用行动坚守传承广绣非遗文化。

标志主体采用金色、黄色进行渐变处理，突出广绣色彩富丽，擅金银线绣，用线平齐细腻的特点，也表现出孔雀羽毛轻盈光亮的质感，呈现出远近层次和光线明暗的效果。字体结合绣线进行设计，“广”字与孔雀头部外形相呼应，拼音设计则融入孔雀、绣针的元素，“G”是孔雀，“i”是绣针。

[亮点]点评：同一个研究主题，也会有不同的侧重点，该作品做到了。

设计者：翁舒嫚

专业：17级会展

奖项：第三十八届“广东之星”创意设计奖优秀奖

第十三届“创意中国”设计大奖优秀奖

2019

广绣品牌设计定位：面面俱到

广绣的双面绣是一门需要耐心和毅力的手艺。绣出双面绣需要做到不串线、正反两面的纹理和颜色基本没有分别，体现出了广绣刺绣者的仔细周全和精湛的技术。标志以“廣繡”的繁体字为原型展开设计。两个外圈扣在一起，表明了广绣牢固的地位。每个笔画里的线条有粗有细，正是广绣的一种绣法，一条条线都代表着刺绣者的一针一线。每条线中间都有一个小缝隙，那是广绣独有的“留水路”。在色彩搭配上，结合了广绣丰富的色彩，突出了广绣色泽富丽的特点。

［亮点］点评：该作品极具文创延展性。例如使用在扇面上，既有广绣特色，也有现代的审美追求。

设计者：何斯珩

专业：17级会展

奖项：第三十八届“广东之星”创意设计奖优秀奖

第六届中国高等院校设计作品大赛优秀奖

刊登：《中国高等院校设计作品精选年鉴（2019卷）》

2019

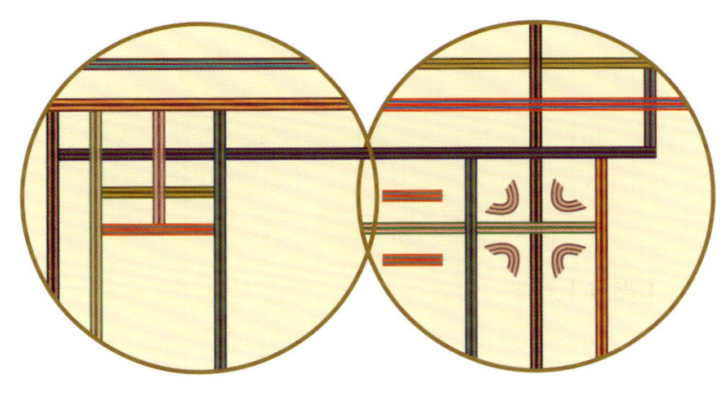

广绣品牌设计定位：细腻

标志选用广绣中最常用的元素花和鸟，整体造型是一朵八瓣花，单个花瓣是百鸟之王孔雀的翎毛简化为针形而成，羽管和翎毛为针，翎毛上眼状的圆形花纹为针眼。在配色上选取与孔雀蓝和孔雀绿相近的蓝色和绿色，以渐变交融的形式由花心向外伸展，体现广绣真实生动、用色复杂繁多的特性。字体饱满浑厚，大气而有张力，与标志交相呼应、相得益彰。

设计者：张嘉欣　邱王妍　杨婷婷

专业：17级会展

［亮点］点评：该作品做到了多种文化符号无缝衔接，是设计，不是拼凑。

奖项：第六届中国高等院校设计作品大赛优秀奖

刊登：《中国高等院校设计作品精选年鉴（2019卷）》

2019

顺德广绣品牌设计定位：玲珑百窍

顺德自古就是中国四大名绣之一的广绣重镇。标志颜色采用了广绣绣品上的颜色，颜色层次多而瑰丽，明暗过渡效果明显，并以丝线和顺德广绣中“织碎”的象征元素，去表现坚韧的手艺人，一直沿用一针一线的浓墨重彩，绣出一幅幅绚丽斑斓、金光流溢的绣品。

［亮点］点评：该作品处处体现设计者观察入微的洞察力，提炼出广绣中的“织碎”作为象征符号，结合条形码的造型，强调广绣的传承价值，十分有意义。

设计者：陈展滢

专业：15级会展

奖项：第四届中国高等院校设计作品大赛三等奖

2017

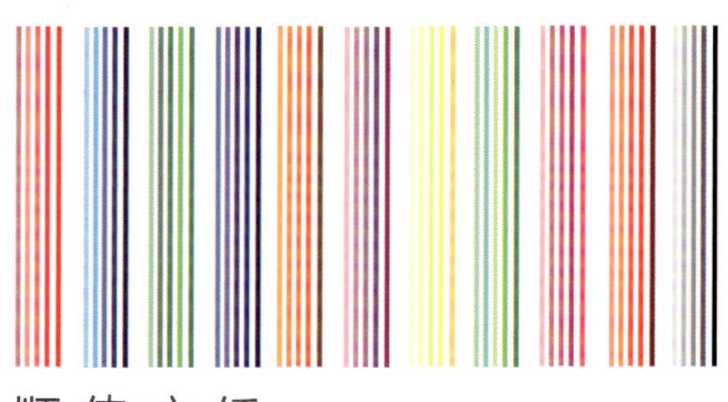

广绣品牌设计定位：务实

顺德水乡特有的桑基鱼塘、农耕文化和孕育出的蚕丝、织布、刺绣等传统工艺一直影响着广绣。标志采用金色，具有历史感，通过图形与文字结合的外形，把桑基鱼塘的渔网编织形状结合到文字中，形象地说明顺德广绣是深受农耕文化的影响，还运用广绣一大特色的织碎流苏元素，既充满历史感也增添了时尚感。

［亮点］点评：该作品以广绣常用的平金绣法为主线，串联桑基鱼塘、采桑饲蚕、桑蚕织绩等本土农耕文化，打造一个富含地域文化的字体标志。

设计者：郭佩楚

专业：15级会展

奖项：第四届中国高等院校设计作品大赛三等奖

刊登：《中国高等院校设计作品精选年鉴（2017卷）》

2017

精湛——粤绣（潮绣）

潮绣品牌设计定位：精湛

标志以一条鱼作为框架，蓝色的底色，生动表达出潮绣的创作是来源于靠海的潮汕地区。四方形是潮绣外框，代表了一幅潮绣，而里面不同的图案演绎了潮绣里一针一线的多样针法。

［亮点］点评：该作品出色之处在于挖掘到潮绣与广绣的不同之处，潮绣以浑厚见长，广绣以雅致取胜，从而在设计过程中，处处彰显潮绣文化的独特魅力。

设计者：许兰音

专业：13级会展

奖项：第五届中国高等院校设计艺术大赛优秀奖

2016

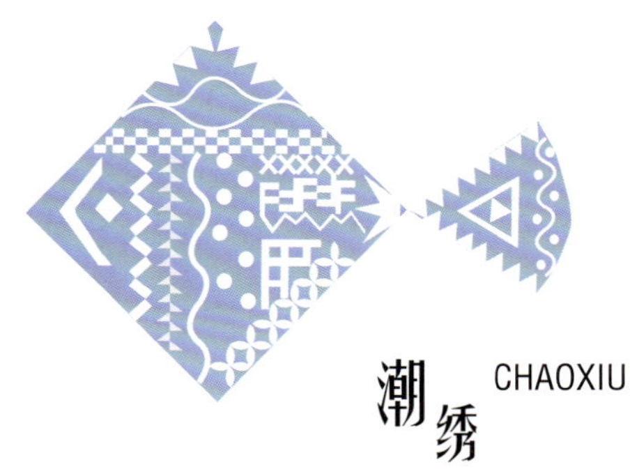

喜庆、守护——佛山木版年画

佛山木版年画品牌设计定位： 喜庆

古时候，人们为了祈福驱邪、寄托愿望，常常在门窗上张贴年画，后来年画用于装饰房屋和过年时增添喜庆气氛。标志外形主体模仿年画的正菱形，以几何拼图的形式组成一个“年”字，以红色为主色调彰显过年的喜庆。

［亮点］点评： 该作品需要传达的内容与形式浑然一体，即把“年味”直接通过字体几何解构的方式，重构于代表“中国年”元素的年画图形设计中。

设计者：潘维芳

专业：15级会展

奖项：第四届中国高等院校设计作品大赛三等奖

刊登：《中国高等院校设计作品精选年鉴》

2017

佛山木版年画品牌设计定位：守护

创作灵感取自年画的韵味特点，采用年画的经典代表色红、黄、绿，鲜艳华丽，洋溢着喜庆吉祥的气氛。整个标志的线条使用佛山木版年画特有的描金轮廓，将“年画”二字融入进去。构图上引用了极具佛山建筑特色的镬耳顶，描绘了一座圆满喜庆的房屋，代表着佛山木版年画能够永久传承，象征着佛山人民团圆美满的愿景。

［亮点］点评：玉不琢不成器，标志亦是。设计者从简单的字体设计，到融入地域特色的符号元素，到配色、着色等，无不经过琢磨、沉淀、成型的过程，使得最后的标志成为一个经得起考验的作品。

设计者：黄佳

专业：17级会展

奖项：第三十八届“广东之星”创意设计奖三等奖

第十三届“创意中国”设计大奖优秀奖

第六届中国高等院校设计作品大赛三等奖

刊登：《中国高等院校设计作品精选年鉴（2019卷）》

2019

佛山木版年画

FOSHAN MUBANNIANHUA

佛山木版年画品牌设计定位：驱邪纳福

佛山木版年画是岭南的一种民间艺术品。春节有贴门神的风俗，以祈求纳福迎神、招财进宝。标志的设计定位词是金玉满堂。标志采用佛山木版年画中的年兽元素进行设计，年兽在佛山木版年画中有驱邪纳福的意义。周围的祥云是祥瑞之云气，增添喜庆吉祥的气氛。佛山木版年画的作品主色调是红、黄、绿，所以标志也以红、黄、绿为主色调。标志整体表达广大民众对未来生活的美好希冀。

[亮点]点评：这是一个聪明的设计，巧妙地从年画的物质载体中提取关键视觉元素，轻而易举就能捕获大众的文化认同，也体现了设计者的文化自信。

设计者：周蕴钧

专业：17级会展

奖项：第三十八届“广东之星”创意设计奖二等奖

第六届中国高等院校设计作品大赛优秀奖

刊登：《中国高等院校设计作品精选年鉴（2019卷）》

2019

佛山木版年画

Foshan Woodblock New Year Picture

佛山木版年画品牌设计定位：守护

标志灵感来源于佛山木版年画驱邪纳福的寓意，整体造型为平安锁及鞭炮的结合，寓意是守护平安及过年时的喜庆，鞭炮上半部分的倒三角是根据佛山木版年画的印刷工具的造型所设计的。主色调采用佛山木版年画的经典用色红丹、黄色及绿色。字体“木”中的一撇一捺利用红色与上面的鞭炮相呼应。

[亮点]点评：该标志选取的元素既贴近生活，又独具一格。画面留白得当，创造出多元的想象空间。

设计者：刘柳琪

专业：17级会展

奖项：第六届中国高等院校设计作品大赛三等奖

刊登：《中国高等院校设计作品精选年鉴（2019卷）》

2019

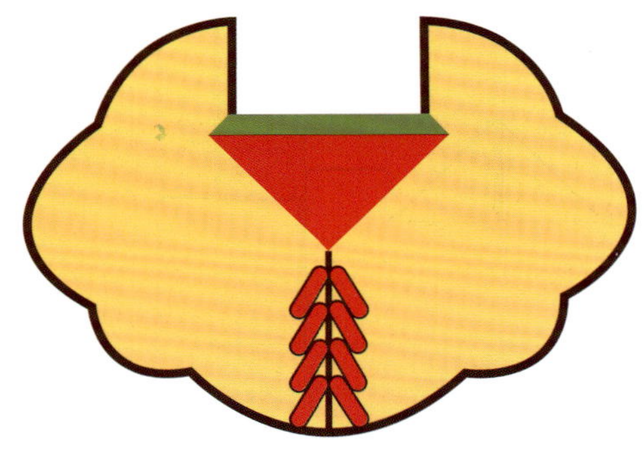

佛山木版年画

FoShanMuBanNianHua

生动——佛山剪纸

佛山剪纸品牌设计定位：生动

佛山剪纸是古老的传统民间艺术，在宋代已有流传，盛于明清两代。它融汇了绘画技法，刻与写配合紧密、恰当，显得瑰丽生动。

标志把佛山市花白玉兰的花瓣与剪刀手柄结合形成剪刀形状，体现“剪”的意义。铜凿剪纸是广东省传统民间艺术之一，属于佛山剪纸中最具特色的一个品种，以光彩夺目的铜箔为原料，所以选用金黄色为标志的色彩。剪纸与书法有一定的联系，剪纸作品中也有书法字体，所以采用书法字体，使标志与字体更加切合。

［亮点］点评：市花是一个常用来象征地域的文化符号，设计者并没有生搬硬套，而是巧妙地将研究成果和地域符号结合在一起。

设计者：陈家琪

专业：17级会展

奖项：第三十八届“广东之星”创意设计奖优秀奖

第六届中国高等院校设计作品大赛优秀奖

刊登：《中国高等院校设计作品精选年鉴（2019卷）》

2019

佛山剪纸

FOSHAN PAPER-CUT

佛山剪纸品牌设计定位：精湛

在大家印象里很难区分各种地方的剪纸，因此这个标志里中间的形状是来源于佛山市的市花白兰花的外形；花的叶子由线条组成，远看有种向外扩张的感觉，就像剪纸完成之后打开之态；四周利用窗花镂空元素加强剪纸的感觉，同时无论是叶子顶端，还是矩形四角都有凹槽造形，其目的是表现剪刀剪纸的感觉；四个小圈圈珠子是佛山剪纸铜凿纸的小特点，有别于其他剪纸；颜色选用红色是让别人更加直观地看出是剪纸。

设计者：梁静仪

专业：14级会展

[亮点]点评：该作品是一个绝对对称的设计，符合国人对美的理解和追求。在执行的过程中，融入了设计者对剪纸文化的感受，多处运用剪纸文化的视觉符号来强化大创意概念。

奖项：第三十六届“广东之星”创意设计奖优秀奖

2017

温润——广州玉雕

广州玉雕品牌设计定位：温润

广州玉雕是广东省民间雕刻艺术之一，工艺形成于唐朝中后期，至今已有一千多年的历史。玉雕分南派玉雕与北派玉雕，南派玉雕的代表便是广州玉雕。标志主体以广州的“州”字为主，结合广州塔，突出了南派玉雕的代表广州玉雕。广州塔是许多建筑师用心建立而成的，包含着建筑师的心血和艰辛。广州玉雕也是经过了玉雕师傅的用心雕刻，才变成一件件精美的玉雕作品，也包含了玉雕师傅的努力，与广州塔形成了相对应的关系。人们提起玉，首先出现的直观色彩就是翡翠绿，以绿色为主色调，凸显出了玉的颜色。字体的“玉”字与标志中广州塔的底部相呼应。

［亮点］点评：伴随着广州城市标志的出炉，广州地标小蛮腰的视觉应用也被推上了一个新的高度。本设计者也做了一个有益的尝试。

设计者：吴杏诗　黄新怡

专业：17级会展

奖项：第三十八届“广东之星”创意设计奖优秀奖

第六届中国高等院校设计作品大赛优秀奖

刊登：《中国高等院校设计作品精选年鉴（2019卷）》

2019

广州玉雕品牌设计定位：温润

标志设计运用象征羊城的形象，结合“玉”字的古文，既体现出广州玉雕的地域特色，也体现出广州玉雕的历史文化气息。以古代翩翩君子佩戴的玉佩的外形作为标志设计的外形，表达广州玉雕的温润。标志色彩运用简单的翡翠绿，直观地表达玉温润通透的特性，同时赋予了标志更广的使用范围。

奖项：第三十八届“广东之星”创意设计奖优秀奖

第六届中国高等院校设计作品大赛三等奖

刊登：《中国高等院校设计作品精选年鉴（2019 卷）》

2019

设计者：黄新怡

专业：17 级会展

[亮点]点评：雷同的设计容易，独创的设计艰难。玉石元素在标志的使用中甚为广泛，尤其是圆环的使用。这就要求设计者广泛收集相关设计，做分类研究，同时需要对项目进行深入剖析，寻找亮点。该作品就是这么做出来的 。

坚韧、交织交融——罗行竹编

奖项：第十八届“中南星奖”设计大赛一等奖

2019

罗行竹编品牌设计定位：本真

罗行竹编是一项纯手工、追求本色的非物质文化遗产。作品以竹子形状为外形，以竹编纹路为内里，色彩采用竹子本色绿色，同时也寓意着竹编文化如雨后春笋，有沉淀，也有新生，呼应了本真的主题。

[亮点]点评：该作品没有多余的笔画与色彩，反倒点亮了品牌的主题，回应了品牌的诉求，是设计者精心编排的设计。

设计者：程杏水

专业：17级会展

罗行竹编品牌设计定位：本真

罗行竹编，无论选材还是用色，都追求其本真。标志由手、箩筐和“罗”组成。简化变形的‘罗”象征罗行；手与箩筐结合，象征竹编人纯手工编织罗行竹编的代表性作品箩筐，表达出只有竹编人灵巧的技艺、质朴的坚守，才能做到手下生“花”。采用竹编本色和无衬线字体，字体笔画横竖交错，与图形相呼应。

奖项：第六届中国高等院校设计作品大赛优秀奖

刊登：《中国高等院校设计作品精选年鉴（2019 卷）》

2019

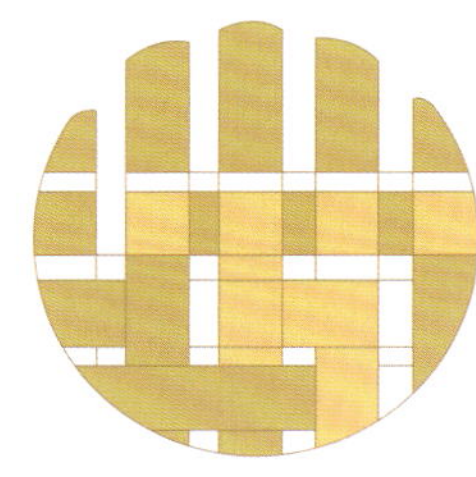

［亮点］点评：“手”元素在设计中很容易落入俗套，但用于表达匠人精神却十分恰当，该标志成功地将手与非遗文化相结合，清晰地表现了传承人心灵手巧、独当一面的境界。

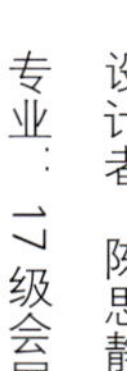

罗行竹编品牌设计定位：交织交融

竹编渗透南海人生活的方方面面，生产出来的竹编远销珠三角，在珠三角各地富有名气。标志用竹篾线条构成南海观音莲花底座的轮廓，强调地域性。主体色采用竹编成型过程中的黄绿色，赋予竹编艺术周而复始的生命力和交织交融的情感追求。

［亮点］点评：该作品的创意加法运用得当，选取的视觉符号有文化，有内涵，有地域，是一个懂得借用地域文化符号来加深本土文化诠释的有探索性的设计。

设计者：何丽珍　江数胜　冯锦塱

专业：15级会展

奖项：第四届中国高等院校设计作品大赛优秀奖

2017

罗行竹编品牌设计定位：坚韧

标志主要以几何线条体现竹编的宽度，与字体的粗细形成鲜明的对比。“罗行竹编”与“LuoHang ZhuBian”中英文搭配简洁大气。组合成的形状与竹编的纹理相似，整体线条较为硬朗，犹如结实的竹编，同时展现竹编人持之以恒的精神价值。

[亮点] 点评：该作品是一个用二维线条构建三维视觉效果的标志图形，简单明了地搭建了一个竹编的立体效果。其巧妙之处，还在于把“罗行竹编”几个字“编织”其中。

设计者：冯锦塱

专业：15级会展

奖项：第三十六届“广东之星”创意设计奖优秀奖

第四届中国高等院校设计作品大赛优秀奖

2017

罗行竹编

LuoHang ZhuBian

朴实——竹织雨帽

竹织雨帽品牌设计定位：朴实

一竹一织一竹帽，一往一返一匠心。根据竹织雨帽工艺的交织结构，将其提炼为简洁的构件。绿色代表着主要材料竹子的颜色，红色代表着继承人景叔的热情，红绿结合的黄绿色恰好是竹织雨帽成品的颜色，整个标志如朴实淡化的本心和脚印。

[亮点]点评：该作品从设计的加法运算开始，结束于设计的减法运算，试图去解决画面平衡的问题，包括构图的平衡、造型的平衡、色彩的平衡、繁简用笔的平衡等。

设计者：李婉霞

专业：16级会展

奖项：第三届全国平面设计大展入围奖

2018

匠心、古典——泥塑（大吴泥塑）

潮州大吴泥塑品牌设计定位：匠心、古典

标志的设计灵感源于潮州大吴泥匠干劲有力的巧手，以及手中的泥人和笔，运用线条以及棕色块拼接而成。手体现的是手作人对事业的热爱，泥人则体现大吴泥塑的特色——压片成泥、折片成衣，笔则是他们在自己的职业生涯中为自己画下理想的蓝图。字体采用苏新诗古印宋简字体，带有印章效果，与泥塑这项历史悠久的传统手工工艺相呼应。当中的黑色代表着正统、稳重、规范，正如大吴泥塑在历史长河中，从名不见经传的乡村发展到世界各地，为世人所知。棕色是泥塑的原色，代表每个大吴泥匠人入行时的初心，呼吁人们不忘初心，传承大吴泥塑文化。

［亮点］点评：该作品主要运用了具象的表达方式，让标志的图形定格于某一个关键的物理时空，而这种绝对静止的画面，又能让人感受到相对运动的历史印记。所以，作品即便止步于国际赛事的入选环节，但也不碍其作为视觉语言与想象空间构建的有益尝试。

设计者：吴小玲
专业：14级会展

入选：Hiiibrand Awards 国际品牌标志设计大赛

2016

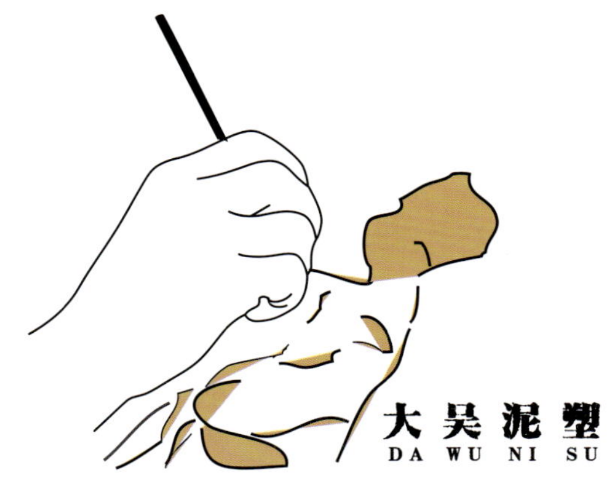

精湛——榄雕

增城榄雕品牌设计定位：精湛

总体标志造型是“榄核”加“增城榄雕”的文字，结构是由简单的几何线条组成的两只手，像是捧着榄核，寓意技艺精湛、用心雕刻，代代以“手”相传；颜色是由相邻色黄、橙等暖色组成，黄色寓意辉煌灿烂，橙色寓意时尚激情，给人热情向上的感觉，也传达出一种薪火相传的精神。“增城榄雕”四个字使用的是无衬线字体，附上“ZC'OLIVE NUT CARVING”的英文，添加一丝国际范，表达榄雕精髓传扬国外的意愿。

入选：第三十六届“广东之星”创意设计奖

2017

［亮点］点评：该作品利用线条重复、放射、有序的排列方式来诠释精湛的定义和呈现实物的空间感。

设计者：赖东燕
专业：14级会展

传统技艺

栩栩如生——大良鱼灯制作技艺

大良鱼灯，既是民间工艺品，也是民俗文化，更是传统习俗中的“吉祥物”，是新春佳节的代表物，象征着吉祥喜庆、热闹快乐，为我们带来了欢乐、活跃的气氛，在顺德沃土上彰显着生命的张力。

大良鱼灯品牌设计定位：喜庆

标志借用中国结的形式将多条鱼连结在一起，看起来像一群鱼儿在嬉戏，活灵活现，表达出鱼灯制作技艺之高超，体现出中国传统文化之博大精深，象征着鱼灯会热闹非凡，代表着节庆期间人们欢聚一堂的喜悦心情与美好祝福。

［亮点］点评：该作品用正负形的创作手法，把两个具有共同文化特征和技艺要求的优秀传统文化联结在一起，让鱼灯标志在中国结这种中华民族特有的文化符号的烘托下，焕发出更多审美意蕴和生活情趣。

设计者：黄小青

专业：16级会展

奖项：第三十七届“广东之星”创意设计奖二等奖

第三届全国平面设计大展银奖

刊登：《中国创意设计年鉴·2018—2019》

2018

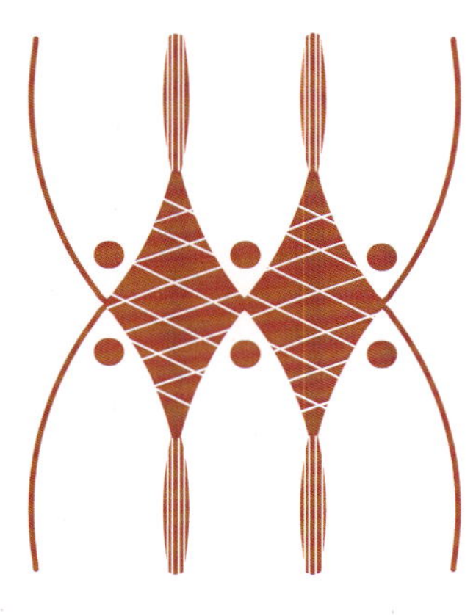

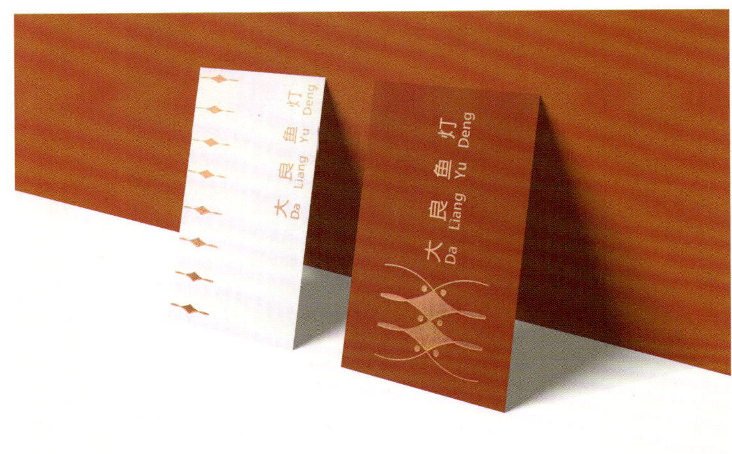
大 良 鱼 灯
Da Liang Yu Deng
大 良 鱼 灯
Da Liang Yu Deng

潘记鱼灯品牌设计定位：吉祥、喜庆

潘培森老先生（即潘叔）是大良鱼灯的手艺传承人，在鱼灯的扎作上也有自己的独特见解，力求把每个鱼灯框架都扎得精准完美，在他的话里，做鱼灯和做人一样，根基是最重要的，不打好基础做什么都做不好，凭着对鱼灯扎作和推广的满腔热诚，用潘叔的形象作为大良鱼灯创新标志的设计原型恰到好处。整体形象圆润有加，面带微笑，西装革履，鱼形领结，配以中国红，正是对潘叔为鱼灯文化所作的贡献表示致敬之情，且祝愿大良鱼灯文化能够传播世界。

［亮点］点评：该作品在品牌与人的关系模型的指引下，将最具标志特征的人物头像作为设计的主视觉。然后围绕大创意概念，在头发、眼睛、胡须、领结等多处创建鱼灯元素，来强化文化记忆。

创意加法：+  + 

设计者：温嘉俊

专业：14级会展

奖项：第三十六届“广东之星”创意设计奖二等奖

2017

大良鱼灯品牌设计定位：吉祥如意

高挂大红灯笼或彩灯的传统，渗透着中华民族特有的、丰富的文化底蕴，是中国文化的符号。跳跃的红黑鲤鱼是吉祥的象征，是栩栩如生的标志。红色代表热闹和喜庆，黑色作为宇宙的底色，代表安宁、包容。两色结合喜悦沉稳，两形结合喜庆祥和。

汉仪雪君体简体的使用，既严肃又不呆板，流畅大方，雅俗共赏，恰好与“世人难辨真假”的大良鱼灯相呼应。腾祥范笑歌楷书繁体英文转角圆润活泼，与锦鲤的灵活互相呼应。

［亮点］点评：该作品用了“陈述”的视觉语言，直接明了地勾画出鱼灯的真实形象，且生动有趣。

设计者：欧启意　潘晓雯　欧峻萍

专业：15级会展

奖项：第三十六届“广东之星”创意设计奖三等奖

第四届中国高等院校设计作品大赛优秀奖

刊登：《中国高等院校设计作品精选年鉴》

2017

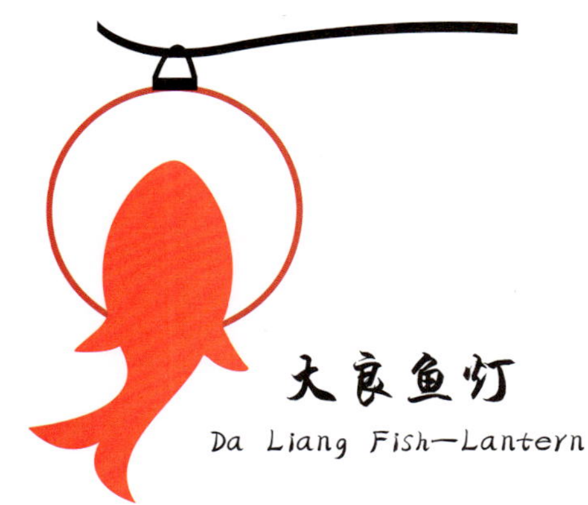

大良鱼灯品牌设计定位：美好

正宗锦鲤为红白锦鲤，体色红润明亮。红白斑上有一层墨汁般的斑纹，头部红色斑上亦有黑色纹，俗称“吉祥锦鲤”。标志将“美”字整合成鱼形，用吉祥锦鲤的色调，彰显大良鱼灯文化年年有余的美好愿景。方正姚体隽秀工整，清秀瘦长，端庄正气，表现鱼灯的雅致脱俗之美。

[亮点] 点评：该作品是文字标志和图形标志的结合体。是鱼形非“鱼”字，是“美”字也是美的表达。

设计者：欧启意

专业：15级会展

奖项：第四届中国高等院校设计作品大赛优秀奖

刊登：《中国高等院校设计作品精选年鉴》

2017

大良鱼灯品牌设计定位： 栩栩如生

标志运用圆、点、手、鱼构成灯泡的造型，以红、橙、黄构成暖色调。其中，借红色字体凸显鱼灯带来的喜庆，借手的灵活凸显鱼的活跃，借灯泡的红光寓意大良鱼灯走进千家万户，点燃传统文化传承的希望。祝愿人们能继承大良鱼灯的传统制作手艺，并将其发扬光大。

[亮点] 点评： 设计者多次登门拜访传承人，为的就是“栩栩如生”这个脱口而出的大创意概念，由该大创意概念头脑风暴出来的闪光点，每一个都显得那么精准。

设计者：李叶清

专业：16级会展

奖项：第三十七届“广东之星”创意设计奖优秀奖

第三届全国平面设计大展入围奖

2018

大良鱼灯品牌设计定位：团圆、自由

标志采用灯笼、鱼灯骨架、鱼身造型。环绕的圈状如同鱼灯的核心骨架，同时被演变成多条五彩缤纷的鱼儿，齐头并进，积极向上，团圆喜庆。整体像是被赋予了生命的灯笼，自由自在，无拘无束，尽显“海阔凭鱼跃”的自由畅快。

[亮点]点评：该作品体现了设计者对鱼灯文化的了解和对自然界的关注，紧扣传承人关于鱼灯制作的关键要“像鱼”的表述，把鱼灯的模仿对象鲤鱼的生活习性研究一番，熟知鲤鱼喜爱群游，且色彩艳丽，得此设计。

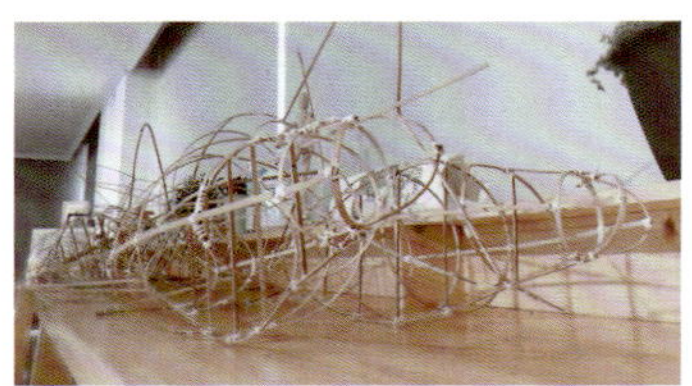

设计者：柯雯婷

专业：16级会展

奖项：第三届全国平面设计大展入围奖

刊登：《中国创意设计年鉴·2018—2019》

2018

鱼灯会品牌设计定位：喜庆

标志用彩色表达鱼灯会的绚丽多彩和喜庆祥和。弯曲的水波纹形成鱼儿的形状，是顺德水乡文化与鱼灯文化的巧妙结合。整体造型类似太极循环之结构，寓意鱼灯文化源远流长。同时呼吁人们参与学习鱼灯制作，为传承和保护鱼灯文化出谋划策。

奖项：第三届全国平面设计大展入围奖

刊登：《中国创意设计年鉴·2018—2019》

2018

设计者：谢丹红

专业：16级会展

[亮点]点评：该作品把鱼与水设计成共同体，如鱼得水，活灵活现。如“阴阳鱼太极图”般设计，诠释的不仅仅是鱼与水的关系哲理，还诠释着太极的哲学观。

精湛——石湾陶塑技艺

石湾陶塑设计定位：精湛

石湾陶塑是以人物造型为代表，高度写实和适度夸张相结合，价值长存的艺术品。标志采用泥土色，代表石湾陶塑；采用“石湾”首字母和泥胚旋转的层层螺纹，表示工匠们经过层层的加工工序，才能做出精致的陶瓷，体现了工匠精神。

[亮点] 点评：该作品突破观察事物的常规视角，用剖切面的角度去传达精湛的陶塑技艺。

设计者：陈舒琦
专业：15级会展

奖项：第三十六届“广东之星”创意设计奖入围奖
第四届中国高等院校设计作品大赛优秀奖

2017

淘气——南风古灶

南风古灶品牌设计定位解读：

陶都 + 禅**气**：禅城、禅宗、脱俗

陶塑 + 艺术**气**息：一塑千面、质朴、率真

陶醉 + 生活**气**息：酒瓶、以市井风情为特色、以民间风情为题材

造型：梅瓶 + 盘坐 + 瓶中之王 + 悟道

色彩：石榴红 + 袈裟 + 石湾釉色代表 + 佛教法衣

南风古灶品牌设计定位：淘气

造型：正负形体现南风古灶阴阳和合的世界观。

1. 以佛山陶塑瓶中之王“梅瓶”为图，即瓶口细而颈短，肩极宽博，至腔稍狭，抵于足微丰，口径之小仅与梅之瘦骨相称。

2. 利用垂直翻转的梅瓶之形，塑造佛像之形象，并以此为底。即将佛山禅城的禅的精神融入其中，既强调了地域性，又能体现民窑的生活情趣。

色彩：采用代表石湾陶塑釉色的石榴红加以窑变产生的渐变色。

字体：为原创无衬线字体，圆滑的笔画与标志的圆润相呼应；上下三七分，寓意做人做事要七分清醒三分醉，即禅意中的“若能一切随他去，便是世间自在人”，如此才能怡然过人生。

[亮点]点评：该组同学的作品包含了设计者坚持不懈的精神和坚定文化自信的信念，历时 9 个月，从文献调查中找根据，从实地调研中找素材，从传承人访问中找亮点，80 多稿的努力尝试，把一语双关的大创意概念通过视觉元素和设计手法表达出来，有理有据，有外在的梅瓶之美，有佛在心中坐的佛山地域文化的含蓄表达。

奖项：国际高校商业精英挑战赛暨第十二届全国高校会展创新创业实践竞赛总决赛二等奖

第三届全国平面设计大展入围奖

刊登：《中国创意设计年鉴·2018—2019》

2018

设计者：杨家声　陈佩梨　杨萧微

专业：16级会展

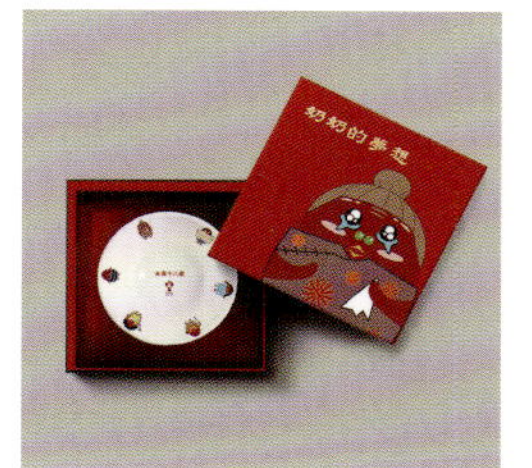

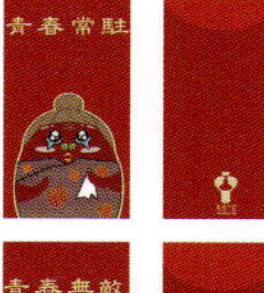

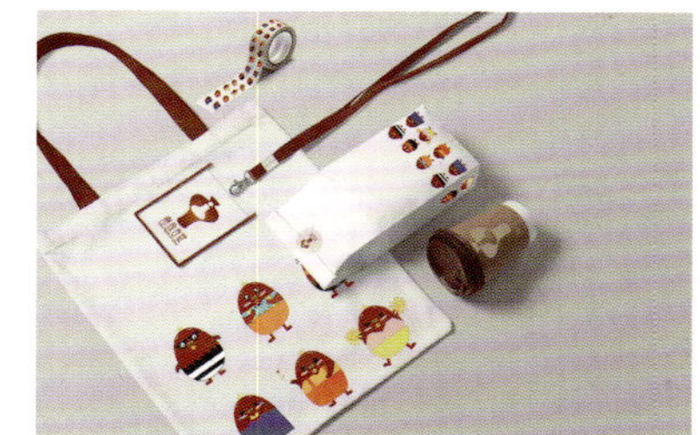

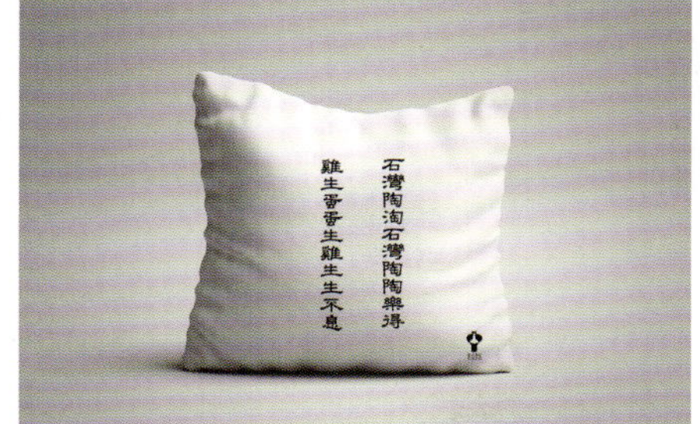

△ 南风古灶文创设计

祥瑞——石湾龙窑营造与烧制技艺

石湾龙窑营造与烧制技艺品牌设计定位：祥瑞

标志主要以南风古灶火神中的火元素为设计基础，结合南风古灶中被誉为“龙凤灶”的龙凤元素，体现石湾龙窑的大气与端庄。标志中火的弧形犹如陶瓶，瓶在火中烧。外围的正圆与弧线，意味着即将失传的石湾龙窑技艺像太阳一样重新升起。色彩由石湾陶瓷釉色代表石榴红与“禅”色调制而来，体现龙窑的质朴。字体在视觉上形成统一的可识别性，富有生命力及创新性。

[亮点]点评：设计界一直面临一个传统文化符号如何活化的问题，该作品就是一个让传统符号龙凤鲜活起来的好例子。

设计者：尹媛

专业：17级会展

奖项：第三十八届“广东之星”创意设计奖三等奖

第六届中国高等院校设计作品大赛优秀奖

刊登：《中国高等院校设计作品精选年鉴（2019卷）》

2019

陶醉——石湾玉冰烧酒酿制技艺

石湾玉冰烧酒酿制技艺品牌设计定位：陶醉

陶是陶瓷，醉则指的是喝完玉冰烧的那股醉意。所以标志本身用了一个古代的“玉”字，延伸成一个梅瓶，寓意陶瓷与玉冰烧相辅相成，而那个梅瓶也是用来装酒的。在颜色上，瓶身根据清雅型玉冰烧的黄色调选择了金丝雀色，字体采用了无衬线字体，颜色采用了豉香型玉冰烧的白色调，其中“玉”字的一点根据陈太吉酒庄牌匾的“太”字那一点，改成了红色。

[亮点]点评：品牌视觉设计的难点之一，就是如何将调研得来的素材转化为视觉语言。这就需要设计者在充分了解项目本身的同时，凝练出独特的视觉元素，还需要灵活掌握设计原则，才能有出色的视觉表述。该作品就遇到了这方面的考验。

设计者：陈莎莎　赵少莹

专业：17级会展

奖项：第三十八届“广东之星”创意设计奖优秀奖

第六届中国高等院校设计作品大赛优秀奖

刊登：《中国高等院校设计作品精选年鉴（2019卷）》

2019

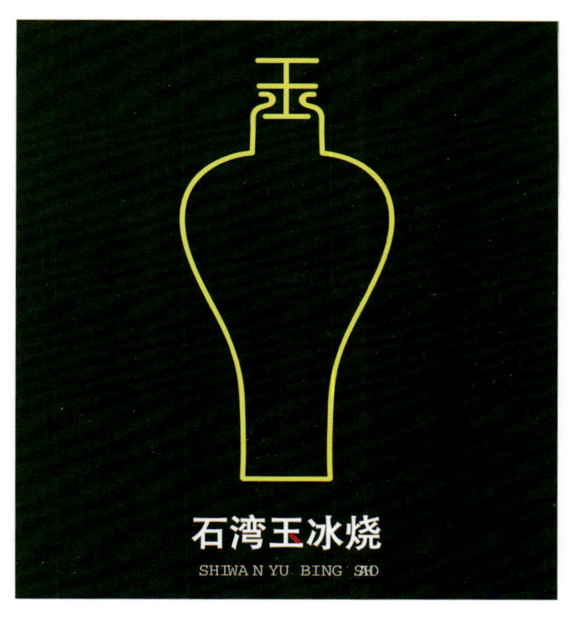

奋勇向前——九江双蒸酒酿制技艺

九江双蒸酒品牌设计定位：奋勇向前

本商标的设计结合了九江双蒸酒的特点，使商标具有识别性、象征性、冲击性。本商标设计运用船头、酒瓶还有海浪三个元素，外形是一艘扬帆起航的船，体现了九江双蒸酒在中国酒业数千年的进程中，继续发出亮光——在广袤的经纬线上吐露芬芳，扬帆起航，不畏时代的风浪，继续前进。而双蒸所要表达的远航象征着锲而不舍、奋勇向前、志达四方的企业精神，这个精神是每一个“远航”人共有的图腾。商标红色为主，白色为辅，红色象征着激情和革命，代表着双蒸充满斗志，要在粤酒中传承下去、发扬光大的信念。

［亮点］点评：该作品能够围绕大创意概念，在原标志的基础上，保留核心元素，换一个全新的视角，做出既有延续又有创新的表达。

设计者：钟钰婷

专业：14级会展

奖项：第三十六届“广东之星”创意设计奖入围奖

2017

九江双蒸酒品牌设计定位：奋勇向前

九江酒厂公司一直引领着米酒行业的发展，成为粤酒企业的领头羊。以原标志航船提取出船舵为设计元素，运用九江双蒸酒酒瓶作为船舵柄，意味着九江酒厂公司是豉香型米酒的领头羊、领航者。标志的中心添加一个酒杯，代表九江人日常无事来一杯的习惯，正所谓人逢得意须纵酒，逍遥乘兴忘烦忧。采用红色系为主色调，延续了原有的风格。字体为原创无衬线字体。

[亮点]点评：设计师应该具有解剖或构造概念的能力，如概念词“船”，不应该只有船本身，还应该有船舵、船帆、船舱等。只有这样才能创造出更多的可能。

设计者：杨泳淇

专业：17级会展

奖项：第六届中国高等院校设计作品大赛优秀奖

刊登：《中国高等院校设计作品精选年鉴（2019卷）》

2019

稳重、优雅——香云纱染整技艺

香云纱品牌设计定位：优雅

香云纱给人稳重优雅的感觉，诠释中国女性内敛的美。香云纱在阳光下富有层次，人工翻布的动态犹如染色体的形态，借此来设计，可赋予香云纱晾晒手工艺在炎黄子孙中代代相传的意义。

[亮点]点评：该作品运用线形符号表达香云纱的晾晒基地的场景。

设计者：徐丽欣　朱靖　谭嘉文

专业：15级会展

奖项：第四届中国高等院校设计作品大赛优秀奖

2017

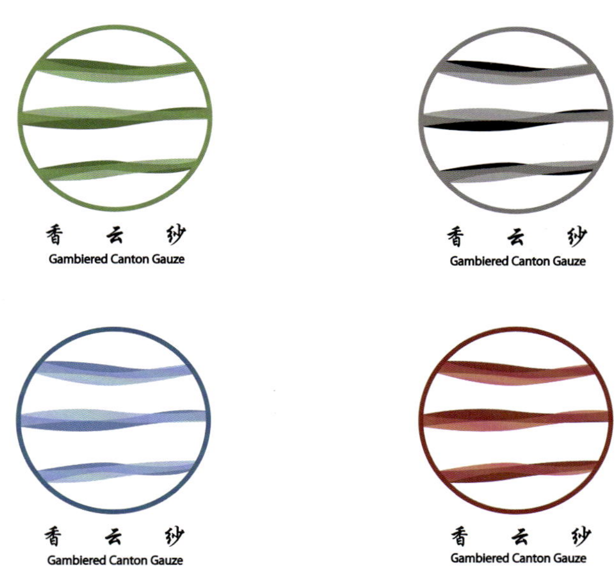

香云纱品牌设计定位：精益求精

香云纱是国家级非物质文化遗产，其染整技艺距今已有五百多年历史，是具有浓厚本土文化的产业。标志采用的黑褐色，是香云纱原料河泥的颜色；主体采用女性的形象，是由香云纱文字变形而成，突出高贵典雅、独具匠心的品牌价值。

[亮点] 点评：该作品运用女性形象比喻香云纱柔美的特质。要注意的是，往往越是经典的元素越不容易摆脱固有的框架，实现有引导力的创新设计。所以设计者在创作时，可多利用头脑风暴来寻找闪光点。

设计者：梁文珊

专业：15级会展

刊登：《中国高等院校设计作品精选年鉴（2017卷）》

2017

香云纱品牌设计定位：稳重

香云纱是岭南地区的一种古老的手工织造和染整制作的植物染色面料，有数百年历史，它的制作工艺较独特烦琐，需经过“三煮九蒸十八晒”，因穿着后涂层慢慢脱落露出褐黄色的底色，过去被形象地称为软黄金；香云纱的染整技术染出来的原布匹颜色比较暗沉，而布匹上的花纹大体是按照布匹上的纹路来印染的。标志将“纱”字几何化，重现香云纱展开晾晒的场景。色彩一方面采用代表原布匹的较暗沉的色彩，另一方面采用代表花纹的较亮丽的色彩。

[亮点]点评：该作品将平面构成的形式法则渐次分割和随意分割运用到标志的图形设计中，来展现出富有逻辑变化的节奏，包括对“纱”字的处理。

设计者：徐丽欣　朱靖　谭嘉文

专业：15级会展

刊登：《中国高等院校设计作品精选年鉴（2017卷）》

2017

花好月圆——西樵大饼制作技艺

西樵大饼品牌设计定位：花好月圆

此作是为广东非物质文化遗产西樵大饼老字号企业“天园饼家”设计的。上下两个缺口代表压饼模具的两道横杠；抽象祥云衬托背后的圆月；“天园”成屋状，西樵大饼之“大”与古代之“古”结合，寓意源远流长、家庭美满。棕红色的运用，再现传统与喜庆，增添中国味。

奖项：第三十六届“广东之星”创意设计奖二等奖

第四届中国高等院校设计作品大赛二等奖

刊登：《中国高等院校设计作品精选年鉴》

2017

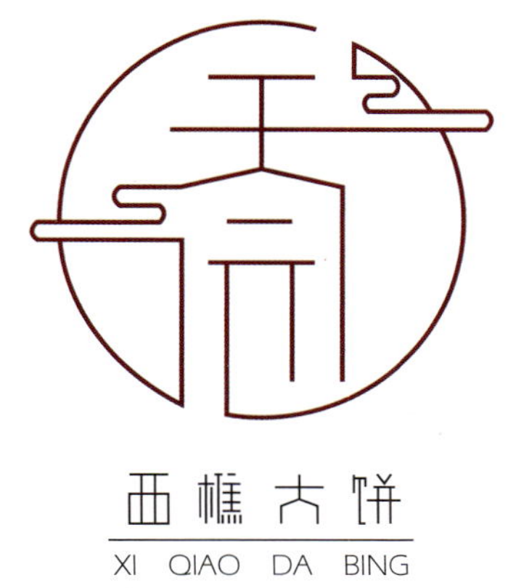

［亮点］点评：该作品从民俗文化视角，深入探究大饼文化，提出符合中华民族关于节庆、家庭、婚姻等方面对花好月圆的哲学理解，并将中华民族尚“圆”的习俗和对团圆、永恒、轮回的精神追求寄托在标志图形的圆形上。

设计者：黎泳怡

研究员：傅婉文 黄熹琳

专业：15级会展

温暖——喜万年礼饼制作技艺

喜万年品牌设计定位：温暖

标志采用双关的手法分别把几何图形“心”比喻成“喜”，亦是“爱”；把“W”比喻成“万”，亦是“皇冠”；把圆比喻成“年”，亦是“礼饼”。红色则不言而喻为喜庆、温暖。

［亮点］点评：该作品是一个能够将文化品牌和商业品牌合并思考和实现设计传播的案例。设计者的执行方法就是使用品牌名字探究法去展开所有的设计探索和尝试。毕竟品牌名字本身就涵括了丰富的品牌价值、文化内涵等，是文化与商业最好的结合体。

◁ 辅助标志使用圆形的外框，寓意团团圆圆、和和美美；利用“喜万年”的字形改造，设计成喜饼上的印记；选择红色作为主色调，彰显喜庆、欢乐的氛围。

入选：第三十六届“广东之星”创意设计奖

刊登：《中国高等院校设计作品精选年鉴（2017 卷）》

2017

设计者：梁秋仪　梁嘉欣

专业：15 级会展

步步高升——疍家糕制作技艺

奖项：第五届中国高等院校设计艺术大赛优秀奖

2016

疍家糕品牌设计定位：步步高升

疍家糕，现在称为“千层糕”，是水上人家逢喜庆节日所制作的食品，包含了水上人家“积德、积福、积财”的祈盼，改变命运的追求，向往未来的憧憬。标志如同疍家糕层层叠叠的独特外形，有着“长长久久，步步高升”之意。与此同时，圆形、菱形、三角形都代表着疍家糕普遍存在的形状。选取橙色与紫色搭配，给人一种开心欢乐的好心情。

[亮点]点评：该作品使用了最直白的视觉语言，点线面精彩地勾勒出疍家糕最本真的形态，整个设计轻松而不缺研究，让人有一种想尝一尝的冲动。

设计者：区诗雅

专业：13级会展

幸福、美满、开心——中山咀香园制作技艺

中山咀香园饼家品牌设计定位：幸福、美满、开心

现代建筑中山摩天轮和传统的中山咀香园饼家相结合，突出咀香园饼家成立于中山的地域特色，并体现出中山咀香园饼家“创新”的理念。线条运用了毛笔字体，突出现代与传统相结合的理念。绿色代表咀香园杏仁饼的主要材料绿豆（原名“绿豆饼”）。黄色是成名之作杏仁饼的颜色。黑色代表稳重，体现中山咀香园历史悠久，高质量，值得信任。

［亮点］点评：该作品在造型方面，通过外形一致、寓意相通等特征将地标景点与地域文化紧紧地扣在一起，创作出有地域特色的，点线面运用得当的图形标志。在用色方面又能考虑到咀香园的商业特性，能够从产品和包装特征上选取最能代表咀香园的色彩搭配方案。

设计者：冯倩红

专业：13级会展

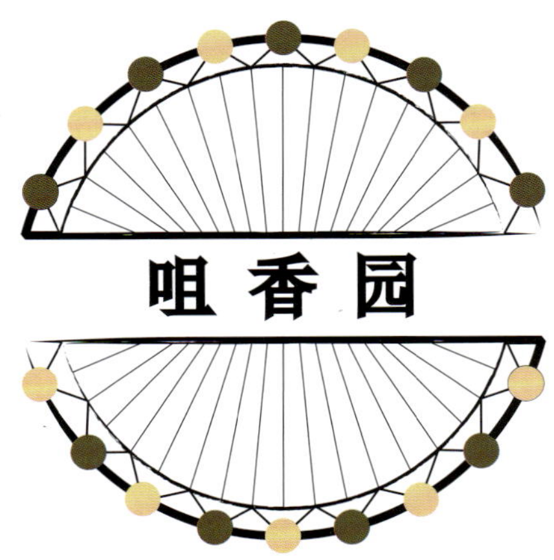

生生不息——古法造纸

肇庆四会邓村造纸术品牌设计定位：生生不息

造纸术是中国古代四大发明之一。在“中国民间古法造纸第一村”广东四会古镇邓村仍完好保留着古法造纸工艺，至今已延续了800余年，堪称中国古法造纸的“活化石”。标志灵感来源于会纸的原材料竹子。人们常说，人生如叶随风消逝，叶子一落一生，一生一落，人生亦是。竹子由种子到嫩芽到竹叶这样一步步走来的，难道这不也预示着人生需要不断的浇灌才能茁壮成长吗？千纸鹤更是代表着会纸的作用——拜祭。我们为什么要拜祭呢？就是为了追忆，所以我们愿千纸鹤能飞向远方，把我们的思忆带给先人。

创意加法：

设计者：谭海虹

专业：14级会展

肇庆四会邓村造纸术

Paparmaking of Dengcun

[亮点]点评：该作品用一落一生、一生一落、生生不息的生命哲学去诠释了这种特殊的冥纸的造纸术，解开了封建迷信的枷锁，找到了事物的核心意义。

民俗

忠义、安定——均安关帝诞

关帝诞是均安人民追求安定生活的精神寄托，标志的设计是为了让人们感受关帝爱国、忠义、仁勇的高尚品格精神和均安人敢为人先、务实进取的人文精神。

关帝繁体“關”字

+

关帝脸部形象

+

均安古建筑镬耳屋

+

岭南满洲窗

名称“均安+关帝”： 均安，顺德一镇的名，寓意人人安居乐业。均安举行关帝诞，传达的是现代人讲诚信，追求和谐、安定家园的愿望。

形象“云长+云墙”： 均安特色建筑“镬耳屋”，又称“云墙”，与关帝字“云长”在粤语发音中谐音。

精神“敢为天下先+忠义仁勇”： 均安人具有“敢为天下先、务实进取”精神，与关公的“忠义仁勇”不谋而合。

色彩“青砖+绿袍”： 关帝，赤脸绿袍，用碧血丹心最能凸显关帝的形象和忠义的精神。碧，绿色，也是镬耳屋青砖之色，寓意生机勃勃，也寓意均安安定繁荣、一片和谐的景象；丹，红色，岭南满洲窗的颜色，寓意积极向上、敢为人先。

造型“官帽两耳+关帝像”： 镬耳屋呈“凸”字形，象征着官帽两耳，具“独占鳌头”之意，正如标志中关公的形象。

意义“安居乐业+精忠报国”： 关帝精忠报国，其精神光耀千古，激励人们保家卫国，展现着均安安居乐业、和谐共处的美好景象。

均安关帝诞品牌设计定位：忠义、安定

标志采用的红绿两色是关帝赤脸绿袍的形象色与均安古民居镬耳屋青砖的颜色和岭南满洲窗红绿两色的结合，是关公碧（绿）血丹（红）心精神最好的诠释，是均安人民奋勇拼搏（红）、安居乐业（绿）的精神追求。形象则是繁体“關”字与关帝头像和均安古民居镬耳屋两旁云墙的“凸”字形相结合，且云墙在粤语中与关帝的“云长”同音。

字体如同关帝的胡须，与图形浑然一体，彰显关帝刚正不阿的气派。

[亮点]点评：该作品多角度、全方位地深入挖掘该文化的大创意概念，并通过文字搭建方式，将多个元素进行立体联结，创作出符合关帝的人物特征、关帝诞的节庆意义，以及地域文化定位的标志。尤其是在关帝的丹凤眼、卧蚕眉、赤脸绿袍的造型和色彩上，更是精益求精，目的就是准确演绎关帝忠义仁勇的当代精神价值。

设计者：邱浩潮

研究员：汤宇轩 肖桂婵

专业：15级会展

奖项：第十一届全国商科院校展示设计大赛一等奖

2017

關帝誕
忠義安定

关帝饭
关帝庙
洗手间

2018.10.21-28

祈福、诚信——观音开库

观音开库品牌设计定位：诚信

标志采用莲花、西樵山观音像手势，“OK”手势等元素表现观音的形象，强化诚信的寓意，其中的莲花元素具有出淤泥而不染的圣洁性。在佛教中，莲花更象征宁静、愉悦和超脱，蕴含着清净的功德与智慧，代表着观音的无私、仁慈。主色调为棕褐色，是土壤的颜色，代表真实，给人一种可靠的、质朴的感觉。

［亮点］点评：带有宗教色彩的文化如何摘掉封建迷信的帽子，做出具有崇高精神追求的设计，是设计者需要面对的课题。正确的做法，就是深入挖掘具有现代文明特色的文化精神价值，如本案例的诚信。同时，该作品是一个古今中外文化碰撞后的作品，是有创新的传承，也是有传承的创新。

设计者：庄婷婷

专业：16级会展

奖项：第三十七届“广东之星”创意设计奖优秀奖

第三届全国平面设计大展铜奖

刊登：《中国创意设计年鉴·2018—2019》

2018

观音开库品牌设计定位： 祈福

标志由观音象和钥匙重构而成。锁孔代表“正月”；两凹槽直指“二”；琐齿代表“六”，亦代表错落的山峰，合在一起就是正月二十六观音开库。色彩为金黄色，寓意着金银满屋、财源滚滚，同时与人们心中的观音形象“佛光普照”相契合，表达了观音的慈悲与普度众生。

［亮点］点评： 该作品在制定大创意概念的时候，用“诚信”的定位词，成功地避开了宗教信仰问题。同时，在设计执行上，运用了图案构成形式法则去组织各要素在画面上的关系，既传达了作品的文化内涵，又不失生活趣味。

设计者：苏伟珍

专业：16级会展

奖项：第三届全国平面设计大展入围奖

刊登：《中国创意设计年鉴・2018—2019》

2018

风调雨顺——龙母诞

奖项：第三届全国平面设计大展入围奖

2018

龙母诞品牌设计定位：风调雨顺

龙母诞是一种古老的传统民俗及民间宗教文化活动。农历五月初八是传说中龙母的诞辰。标志的主体造型采用水和“龙”字的甲骨文组合而成。龙母诞的由来，以及其延伸的活动赛龙舟、放生祈福等都跟水有关，便加入水的元素，寓意风调雨顺、国泰民安。龙，是吉祥的象征，所以参考了“龙”字的甲骨文，然后再和龙母庙前的香炉整合，表达人们对龙母的信任。整个形象如同河流旁的龙潭龙母庙，让人感到亲切。金色和蓝色代表五行中的金和水，一方面体现了龙的尊 荣高贵，另一方面也表达了人们祈求风调雨顺的愿望。

龍母誕

The birth of the Dragon Mother

[亮点]点评：该作品用甲骨文的艺术造型去表达中国龙文化中特有的基本观念；用柔情似“水”去比喻以慈爱为核心的中华母亲文化。

设计者：曹善雅

专业：16级会展

博学——孔子诞

奖项：第三届全国平面设计大展入围奖

2018

孔子诞品牌设计定位：博学

孔子诞中“拜孔圣庙，步青云路，过翰林门。领翰林利是，成翰林学士。”仪式过程，寓意着松塘人对年轻人的关爱，更是对孔子文化的发扬和传承。标志灵感来源于孔子诞活动的场景与元素——学生、状元、讲堂等。整体呈现人形，如孔子诞的主体——学生。局部可以分两个层次：1. 圆和一字形如一顶帽子，六边形如人脸，合起来像状元戴帽子； 2. 三个几何形分开解读，圆如讲堂的老师，一字形如讲台，六边形如学生围坐，一起学习孔子文化。色彩上运用书柜的古木色，鼓励学生多读书，多感受孔子文化的魅力，多传承孔子文化。

［亮点］点评：该作品展现了如何将动态的活动节庆转化为静态的标志设计，又通过静态的标志设计传播动态的文化活动。

设计者：李敏敏

专业：16级会展

玉洁冰清——伦教糕

伦教糕品牌设计定位：玉洁冰清

标志造型为一粒成熟的稻谷孕育出一块伦教糕，因为稻谷是伦教糕最重要的原材料。标志总体向上，既像一朵含苞欲放的花朵，又像一双手托住一块伦教糕，意味着欢姐伦教糕日后的发展将会蒸蒸日上，像花朵一样盛放，也突出了欢姐伦教糕纯手工的制作工艺。

[亮点]点评：该作品不但视觉表达有层次，文化剖析也有层次，体现了设计者的修养。

设计者：李泳恩

专业：17级会展

奖项：第十三届"创意中国"设计大奖优秀奖

第六届中国高等院校设计作品大赛优秀奖

刊登：《中国高等院校设计作品精选年鉴（2019卷）》

2019

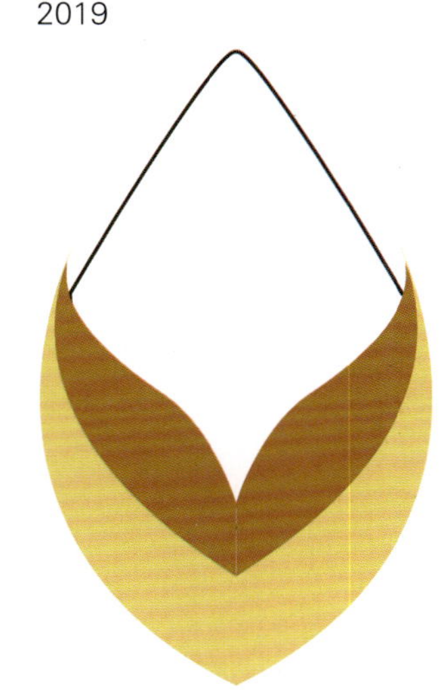

欢姐伦教糕

回味——金榜牛乳

金榜牛乳品牌设计定位： 回味

标志根据刚用醋和水牛奶挤压成型的半透明的牛乳重叠着铺在盐水上的画面，用九个圆分三层重叠，如同独具童味的波板糖，带有着彩虹般绚丽多彩的童年回忆。

［亮点］点评： 该作品准确地描绘了金榜牛乳在最古老的制作方法下的面貌。

设计者：林妍妤　林楚倩

专业：15级会展

刊登：《中国高等院校设计作品精选年鉴（2017卷）》

2017

金榜牛乳

朴实——双皮奶

双皮奶品牌设计定位：朴实

民信以双皮奶著名，已有近百年历史。经历了三代人的传承，也经历时间的沉淀，但不变的是传承祖父的制作双皮奶的精湛技艺和当地人对味道的追求。在那个温饱尚没解决的年代，顺德人吃苦耐劳，双皮奶的甜给他们心灵带来了慰藉和幸福感。标志将碗的造型和“双”字相结合，增添双皮奶的识别度。简单的横撇结合，体现民信双皮奶追求朴实的精神。横采用橙黄色，代表幸福、阳光。四撇以浅咖啡色为主，代表淳朴、坚守、勤劳和甜蜜。

［亮点］点评：该作品字形结合，准确到位。

设计者：陆巧仪　张云　黄贵萍

专业：15级会展

刊登：《中国高等院校设计作品精选年鉴（2017卷）》

2017

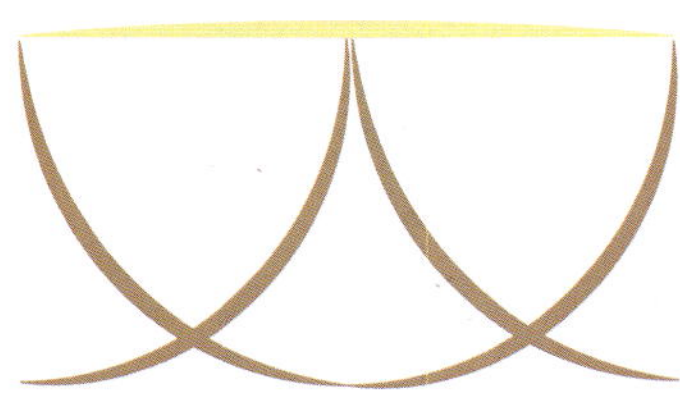

顺利——行通济

行通济品牌设计定位： 顺利

行通济是佛山的传统民俗活动，在农历正月十五当天人们举着风车，提着生菜，来到通济桥游行祈福，祈求来年平安、顺利。标志采用红色，代表吉祥、喜气；主体采用人的外形，结合风车和通济桥的象征元素，如“桥上的人，桥上的风车”；波浪纹元素表达行通济该节事活动人潮汹涌的热闹气氛，同时代表了“水”，与风车相结合，寓意着“顺风顺水”，而中国传统风水习俗中讲究“遇水则发，以水为财”，对应了人们的愿望；选取“行通济，无闭翳”这句俗语，提炼出行通济所传达的“顺利”的理念。

［亮点］点评： 该作品能够将大创意概念、价值元素、“桥上的人，桥上的风车”的场景三者巧妙地融合在一个标志设计当中。

创意加法：  + + 

设计者：胡莹莹　钟婉盈
刘　茵　梁倩瑜
专业：14级会展

出色——松塘出色

松塘出色品牌设计定位：出色

松塘出色是西樵的传统民俗活动，三年一届。当天，松塘村锣鼓喧天、万人空巷、喜气洋溢，出色队伍浩浩荡荡。巡游活动旨在弘扬新时代的松塘翰林文化与展现松塘村之美。标志采用明亮的色彩，让整个标志充满生机活力。整体结合村中“百巷朝塘”的格局来设计，而且外圈如成人，内圈如小孩，整合一圈如“出色”活动那样热闹非凡。由内向外发散的造型还寓意松塘出色文化向外传播。

[亮点]点评：该作品能看出设计者是把视线拉高到天际，用俯视的角度感受文化活动的魅力，并用鸟瞰图的形式将各文化活动元素整合在一起。

设计者：陈晓君

专业：15级会展

刊登：《中国高等院校设计作品精选年鉴(2017卷)》

2017

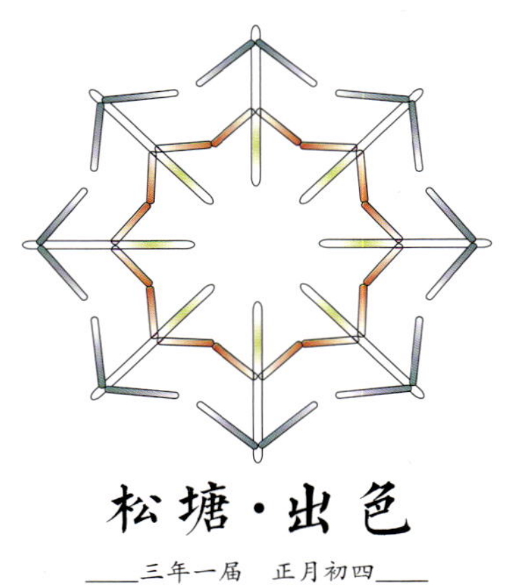

松塘·出色

三年一届　正月初四

团圆——珍记煎堆

珍记煎堆品牌视觉设计定位：团圆

因为邹广珍煎堆品牌曾经一度停产，后来才慢慢发展起来，所以标志用云朵烘托明月般的煎堆，表达“守得云开见月明”的情怀。同时，圆月般的煎堆也寓意团圆，给游子以精神寄托，表达团圆的品牌理念。

[亮点]点评：该作品极好地体现了研究品牌故事能够有效作用于品牌视觉设计，同时也能借品牌视觉设计讲好品牌故事。

设计者：梁嘉靖　梁笑芬　吴泳仪

专业：14级会展

和谐——小榄菊花会

小榄菊花会品牌视觉设计定位：和谐

标志把菊花和烟花相结合，给人一种“乱花渐欲迷人眼”的感觉，象征小榄菊花会形式多样，越办越好。

[亮点] 点评：头脑风暴有利于寻找各式各样的创作联想，创意加法有利于筛选闪光点，创作手法和不同视角的表达方式能够让作品产生多姿多彩的画面效果。

设计者：欧韵婷
专业：14级会展

小榄菊花会品牌视觉设计定位：吉祥、和谐

标志以吉祥、和谐为设计理念。飘扬的菊花还体现一种柔和舒适的感觉，但同时不失坚毅，再多风浪依然迎风招展。菊花黄代表阳光，寓意展会越办越好；菊花绿代表环保，体现中山精神。镂空的地标建筑图案有和谐、包罗万象的寓意。

设计者：黄静宜
专业：14级会展

特殊风俗

自强不息——自梳女风俗

自梳女品牌设计定位：自强不息

标志将最美的女性侧脸和最能表现时代性的木梳形状结合起来，从而生动简单地体现女性借把头发梳起成髻的仪式以表终身不嫁的决心。

创意加法：  + 

［亮点］点评：该作品是一稿成形的，体现了设计者敏锐的观察力和图形的分析能力。

设计者：黄筠蓉

专业：14级会展

奖项：第三十六届“广东之星”创意设计奖三等奖

2017

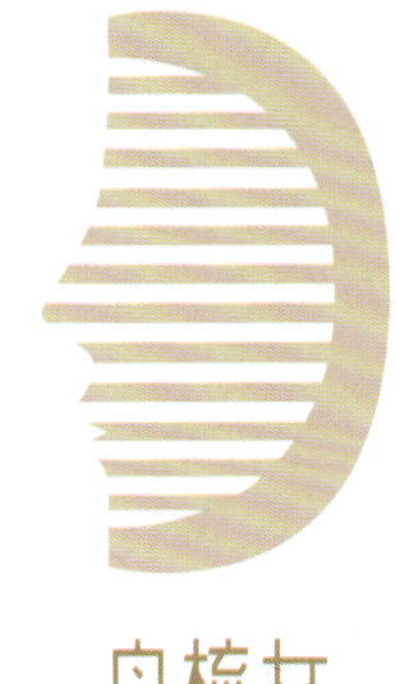

自梳女

自梳女品牌设计定位：自由

标志的主体造型为梳子、发髻。梳子是自梳工具，寓意自梳女经济独立、渴望自由、独立自足、自立自强、坚定信念、无私奉献的先进思想。而发髻一方面是隐喻自梳女“自梳”仪式，另一方面是代表岁月的年轮，描绘自梳女被岁月雕琢的坚韧，透露其骨子里的优雅，焕发其生命的光彩。同时，标志的黑色一方面代表着自梳女与众不同的思想，与当时封建思想抗衡；另一方面代表自梳女稳重、干练的高雅气质。标志的特色是能以 GIF 的旋转形式显示，一生二，二生三，三生万物，寓意自梳女的精神终将生生不息。

[亮点]点评：该作品为动态标志，其运动过程中的不同状态分别代表不同的文化理念。

设计者：陈佩梨
专业：16级会展

奖项：第三届全国平面设计大展入围奖
刊登：《中国创意设计年鉴·2018—2019》

2018

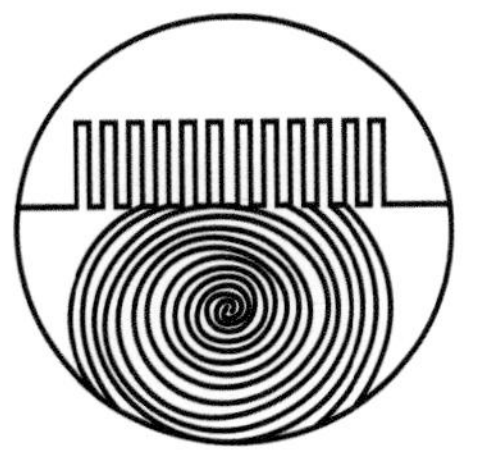

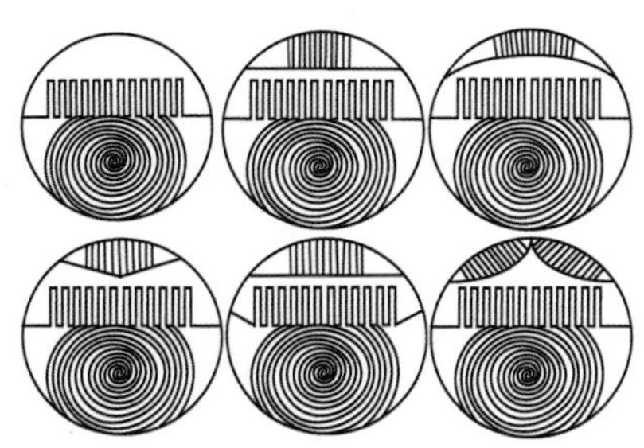

文化名片

和谐——逢简水乡

逢简水乡品牌设计定位：和谐、创新、绿色

标志的设计灵感源于凡·高的画作《星空》，其抽象大胆的画风与逢简水乡的古典完美地结合，体现了外来文化与中国文化的碰撞与交融。愿逢简水乡如星空般璀璨，生生不息。

图形中横跨中线的拱桥形像“简”字，直指“逢简水乡”这一主题。下方的波浪上，有一个人在落日下划船，一片和谐美好的景象，正是夕阳无限好，逢简水乡情。

标志大胆采用红、黄、绿、蓝等鲜艳的色彩来描绘逢简水乡的各种鲜活的景物。

［亮点］点评：该作品最大的特色就是能够与世界名画做沟通，用世界名画的表达方式设计作品。

设计者：卢程龙

专业：13级会展

奖项：第五届中国高等院校设计艺术大赛三等奖

2016

逢简水乡

Feng Jian Shui Xiang

古老——东莞可园

东莞可园品牌设计定位：古老

东莞可园博物馆即东莞可园，是清朝粤中四大名园之一，也是岭南园林的代表作。标志借鉴可园最高和最具代表性建筑——瞻远楼的外形来做基础图形，与“可园”中的“可”字相结合，同时描绘出祥云的形状，表达仙宫仙气环绕的意境，体现“可羡人间福地，园夸天上仙宫”之景象。标志中图形选用传统的暗红色，有时间洗涤的感觉，符合可园历史悠久的特点，而红与黑的搭配始自远古人类对在漆黑中燃起红色火焰的强烈而简朴的印象，也是中华民族性格中的放与收的最好体现，最后采用草檀斋毛泽东字体强化寓意。

［亮点］点评：该作品基于字体设计来进行标志创作，把“可”字描绘成秀色“可”餐的“可”园景象。

设计者：杨翠莉

专业：13级会展

奖项：第五届中国高等院校设计艺术大赛优秀奖

2016

参考文献

[1] 耿超 . 中国特色社会主义文化自信论 [M]. 桂林：广西师范大学出版社，2016.

[2] 朱宗友 . 中国文化自信解读（文化建设卷）[M]. 北京：经济科学出版社，2017.

[3] 王蒙 . 王蒙谈文化自信 [M]. 北京：人民出版社，2017.

[4] 陈先达 . 文化自信中的传统与当代 [M]. 北京：北京师范大学出版社，2017.

[5] 曾仕强 . 中华文化自信 [M]. 北京：中央编译出版社，2016.

[6] 王文章 . 非物质文化遗产概论 [M]. 北京：文化艺术出版社，2006.

[7] 张昕 . 造型类非物质文化遗产概论 [M]. 武汉：华中科技大学出版社，2017.

[8] 杨红 . 非物质文化遗产展示与传播前沿 [M]. 北京：清华大学出版社，2017.

[9] 郝朴宁，等 . 民族文化传播理论描述 [M]. 昆明：云南大学出版社，2007.

[10] 左鹏军 . 岭南学（第一辑）[M]. 广州：中山大学出版社，2007.

[11] 江佐中，吴英姿 . 佛山民俗文化 [M]. 广州：广东人民出版社，2009.

[12] 佛山市教育局教学研究室 . 佛山文化 [M]. 广州：广东教育出版社，2016.

[13] 佛山市南海区西樵镇文化站 . 地方文化读本 非物质文化遗产樵山遗韵 [M]. 佛（南）内准字 2015 第 3027 号 .

[14] 何华湘 . 非物质文化遗产的传播研究——以女书为例 [M]. 北京：中国书籍出版社，2015.

[15] 梁晓声 . 中国文化的性格 [M]. 北京：现代出版社，2018.

[16] [美] 约瑟夫・亨里奇 . 人类成功统治地球的秘密 [M]. 赵润雨，译 . 北京：中信出版社，2018.

[17] [美] 约瑟夫・马祖尔 . 人类符号简史 [M]. 洪万生，等，译 . 北京：接力出版社，2018.

[18] 胡川妮，陈玎玎，戴秀珍 . 广告创意与表现 [M]. 北京：高等教育出版社，2018.

[19] 王钧，刘琴 . 文化品牌传播 [M]. 北京：北京大学出版社，2018.

[20] 何亚龙 . 品牌至上：LOGO 设计法则与案例应用解析 [M]. 北京：人民邮电出版社，2017.

[21] 亚伦・凯勒（Aaron Keller），蕾妮・马里诺（Renee Marino），丹・华莱士（Dan Wallace）. 品牌物理学 [M]. 朱沁灵，译 . 台北：大写出版，2017.

[22] [美] 黛比・米曼 . 品牌这样思考 [M]. 林育如，译 . 台北：商周出版，2017.

[23] 王征，徐悦然 . 对图形程序设计课程的教学思考与探索 ——以 Processing 为例 [J]. 装饰，2018（11）.

后记

特别感谢您能一直读到此处！可见您必定是一个有文化，懂设计，爱国，爱社会主义的杰出人士。但愿我们的作品能够引起您的共鸣，并能与您携手同行，共建文化璀璨的未来。我十分愿意地告知您，这些作品均是我这些年授课的学生作品，当然，这里只是 300 多件作品中的部分优秀作品。可我特别想感谢所有顺德职业技术学院会展专业 13 到 16 级 4 个年级的全体学生！不管是否在本作品集上榜，也要感谢他们愿意相信我，愿意不远千里脚踏实地地到各种不同境遇的非遗所在地展开包括笔录、视频拍摄、访谈等一些列的调研活动，回来后，还不负众望，慷慨激昂地分享他们所得到的、所理解的关于非遗的一切一切，尤其是那些谈及他们家乡非遗文化的学生，站到讲台前就如同脱胎换骨、蓄势待发的雄鹰，感染着周围所有的人，这一刻没有一个人不受到鼓舞，也没有人不知道下一步该干什么。我多么希望您也能亲临现场， 一同感受 90 后这股新鲜血液对非遗文化的热忱！也许是因为没有美术基础，他们更能大胆地做各种不可想象的创作，用一个仅属于他们的新锐视角，展现不同凡响的视觉盛宴！

不经意间，我接触非遗已经有十多个年头了，要知道 2007 年我第一次接触非遗的时候，只是简单地基于信任胡川妮导师而选择的课题，就像现在的学生相信我一样地相信她，而且一相信就相信到现在，从未改变，所以今天我们能看到这本作品集的面世，胡教授可谓功不可没。在此，再次感谢胡川妮导师的引导！今天的我可以自信地告诉她，我已经爱上非遗，并愿意为坚定文化自信、倡导文化自觉、实现文化认同而奋斗。

这本作品集从计划到出版发行，用了不到半年的时间，除了有赖于前面提及的导师和学生以外，还有各界领导、同事、同行、同门、同学和所有的志同道合者给予的帮助和支持，让我可以竭尽全力去完成十年研究的总结！

这十年总结并不是为了向世人证明什么，而是希望借此展开一个话题，或者说得更严谨一点，是一个课题的开端。 我们更希望获得更多的批评指正，只有这样，才更有利于课题的深化和延展，才能更有利于非物质文化遗产和品牌视觉设计的跨界融合，才能抽丝剥茧地找到课题本质的真相，才能最终实现服务国家品牌形象这一宏大的理想。

作者：
周淑君

致谢

邱浩潮 ▽

当你切身感受到顺德非遗文化魅力的时候，你会感受到中华灿烂文化的沉淀，并有种要为它的传承发展尽一份力的使命感。我们把在校所学的设计知识与非遗传统文化结合起来，当新潮与历史碰撞，定会擦出不一样的火花。而均安关帝诞 VI 系统能在国赛中获奖，少不了和周老师在图书馆的刻苦钻研，真心感激周老师的谆谆教诲，让我学到了超多技术干货和一生受用的道理，还要感谢关帝诞初稿时合作的伙伴汤宇轩与肖桂婵！坚定文化自信，非遗传承发展，依然任重道远！

潘维芳 ▽

非遗文化是中国传统文化的灵魂，能为国家非遗做一点贡献我感到非常荣幸！通过这次标志设计，我也对佛山木版年画有了更深刻的理解。希望你们看到我的作品的同时能想起佛山木版年画，对佛山木版年画留下一个深刻的印象并去了解它、发现它的美。我相信每一位大师的作品，都是对事物不断地发现、挖掘和提炼出来的创意，每一个简单的符号都包含着深厚的意蕴。未来很远，路也很长，但我会一直用心去对待每一件事，用心去做好每一个设计，我的作品能得到你们的认可是我最大的动力！

温嘉俊 ▽

作为一个土生土长的顺德人，从小每年中秋节都会在街上看到琳琅满目的大良鱼灯，可是伴随着成长，传统的大良鱼灯的出场率就慢慢下降了，取而代之的是各式各样造型独特、用新颖材料制成的花灯。随着时代的推进和科技的进步，传统手工艺的传承就变得格外艰难，甚至面临失传。我在大学接触到“家乡的非物质文化遗产”这个课题的时候，资料上“大良鱼灯”这四个字又重新唤醒我儿时的记忆，我当下就决定搜集资料，探究并重新为大良鱼灯设计一个标志，希望通过重新包装让更多的人了解到我们顺德的这门传统手工艺，吸引更多有兴趣、有想法的伙伴学习这门手工艺并且传承下去。

黄筠蓉 ▽

从零基础到喜欢上设计这个过程很微妙。当初选择均安自梳女来创作是因为这个非遗在我的家乡，而且她在我心中代表着自强不息，女人也可以靠自己来生存，随后开展了一系列的头脑风暴。本人设计风格追求简约大气，坚信简单就是最美的！所以采用最简约的线条来勾画出女人的侧脸，再结合最形象化的木梳形状。当中修改了很多次设计稿，最后把最美的高鼻梁、翘嘴唇、锥子脸的侧脸展现出来。自己的作品得到大家的喜欢、认同，这是对我的一种肯定，可以让我有信心地在设计道路上继续前行！路还好长，衷心感谢一直在身边支持和帮助我的良师！

曾广莹 ▽

这次标志设计的整个准备过程以及参赛过程对我来说无疑是一个美好的回忆。非常感谢老师对我的帮助与指导，感谢她的认真与负责；也感谢队友的鼓励！我们同心协力，相互指点。在此之前，我的设计水平是零基础的，刚开始的时候，真是无从下手，从初稿到定稿的过程中，我想过无数次的放弃，算了吧，我不合适。可我又是一个不服输的人，因为相信只要我肯努力，一切都不是问题，付出了就有收获。通过这一次的学习，我获得了一次又一次的进步，最后发现自己对设计产生了巨大的兴趣。确实，我不会设计，但我可以学，从别人优秀的作品中借鉴与参考，积累方法与经验。不积跬步，无以至千里；不善小事，何以成大器。能力是锻炼出来的，我们要善于抓住每一个锻炼的机会，敢于向自我发出挑战，因为相信，所付出的努力是会有所回报的。虽然这次的设计获得了奖项，但我仍需要努力，让自己做得更好。

欧阳敏杰 ▽

我并不是一个设计基础很扎实的学生，所以从选课题、寻找资料到设计图形文字都让我不知所措，何其有幸遇到一个耐心乐教的老师，是她，回家路上开着车停下来给我们寻求可优化的地方；是她，凌晨三四点还回复我说该以什么形式去传达寓意；是她，告诉我们设计源于生活高于生活，永远相信我们可以做出作品。韩愈曾说："世有伯乐，然后有千里马"，荣誉的一半来自我的导师，感谢这一路的认可。奖项不是我用来炫耀的资本，而是让我变得更好、更踏实稳重的一个过程，所获得的荣誉既是终点又是起点，未来我将会继续保持趁天未全黑探路前行的心态，且努力且拼搏。

陈晓茵 ▽

我要感谢老师和学校对我的支持、鼓励和栽培！一粒种子，只有植根于沃土才能生机无限，一个学生只有在好的学校才能如鱼得水，快速成长。我非常自豪在人生的韶华之年，来到顺德职业技术学院，在学校的培养、造就下，在老师的信任和同学们的支持与帮助下，小小的我才得以成长，我的人生才能在画屏上涂下一抹最绚丽的色彩。

梁建彤、梁子聪、梁婉岚 ▽

我们设计这个标志不仅是想告诉大家粤剧是顺德的非物质文化遗产，还想让大家重视且保护非物质文化遗产，让顺德粤剧可以更好地流传下去。很荣幸我们的《顺德粤剧》标志获得了"广东之星"创意设计奖金奖。在设计前，我们没有用过设计软件，很感谢周淑君老师，在我们设计的路上给予支持与帮助，她提供了许多的意见与建议，并且不厌其烦地指导我们，鼓励我们，到后续优化也会根据情况给予我们意见。看着自己的作品一步步丰满起来的感觉很让我们高兴，能得到奖项更是意外之喜，不会不是不去尝试的理由，只有做过才知道自己能走多远。

陈舒琦 ▽

石湾陶塑给我最大的感触就是工匠精神，所以在此次的设计中，我用泥胚旋转的层层螺纹代表石湾陶塑工匠们的精心雕琢、层层加工的工匠精神。很荣幸能为国家非物质文化遗产做贡献，将这种文化做创新传承。在此要感谢我的老师和同学们，在每一次的设计与修改中，给我指导、建议、支持与鼓励。愿日后的设计创作中，能不忘初心，创作更多有灵魂的作品。

倪伟娜 ▽

勤有功，戏无益，

戒之哉，宜勉力。

爱笑的女生越努力，“运气”会更好。

何丽珍 ▽

传统竹编手工制品从实用性到观赏性的转化，是适应新时代发展的重要表现，而竹编手工艺得以传承，也表示竹编技艺拥有顽强坚韧的精神。于是，作品将地标南海观音与坚韧的竹篾相结合，即纵横交错的竹篾编织出南海观音底座，赋予作品地方属性的同时，表达出南海竹编宛如竹篾的坚韧特质。作品能在《中国高等院校设计作品精选年鉴》发表，非常感谢周淑君老师对我们的循循善诱的教导，从无到有，最后到作品的诞生。非常感谢小组成员江数胜和冯锦塑，陪同到实地调研，完成前期报告，相互帮助并完成各自的作品！当然也很感谢南海竹编传承人接受我们的采访，让我们了解竹编，为调研打下坚实的基础！

郭佩楚 ▽

很荣幸能为国家非物质文化遗产做贡献，将这种文化做创新传承，让这一份独具魅力的文化能在当今社会更加耀眼！从选题到立案，从初稿到终稿，都少不了老师的指点与教导，能有这种荣耀归功于老师的悉心辅导、同学们的宝贵意见，在此感谢老师与同学们给予的帮助与信心！人生的历程中，总会有不少唏嘘，但我相信，所有我乐于花费的时间，都不算是浪费。理想目标离我们很远很远，像是一个遥远的小光点，但在你辛勤付出之后，收获总会无限放大。

陈展滢 ▽

在此次的标志设计中，我运用了顺德广绣的象征元素来凸显出顺德广绣的传统与现代糅合之美。我很荣幸接触到顺德广绣这一国家非物质文化遗产，追溯了它的历史，欣赏了它的美，学习了绣工们的坚韧品质。在设计与修改的过程中，我非常感谢老师和同学们，感谢他们的悉心指导，感谢他们的宝贵建议，感谢他们的支持与鼓励，也很感谢自己的不放弃，相信自己能够做得到！

冯锦塱 ▽

这次设计经历，使我得到了很多的锻炼，特别感谢一直在背后给意见的周淑君老师，还有和我一起度过这个设计过程的小伙伴江数胜和何丽珍，一起去调研和探讨其中的奥秘。这也是我们第一次设计的标志，能取得这个成绩真的非常激动。通过这次比赛，我明白了对每件事都要下功夫。这也开了个好头，希望有机会在下一次的比赛中继续向金奖冲刺！

梁秋仪 ▽

获得这次的奖项我觉得是对我学习的肯定，更是对我的激励和鼓舞，另外我要感谢老师的栽培以及同学们对我的支持，因为有了你们的辛勤付出，我才能有今天的成就。这些奖项都是每位同学日夜苦战，用自己的勤奋努力换来的。虽然我这次获得的只是入选作品，但这也证明了我还有进步的空间，我还要继续努力，不断地锻炼自己，提升自己的设计能力。

欧启意 ▽

非物质文化遗产是各族人民文化的精髓，亦是灵魂。弘扬中华优秀传统文化是践行核心价值观的必然要求。十九大指出优秀精神文化产品反映一个国家和民族的文化创造能力，是衡量和检验文化改革发展成效的根本标准。针对大良鱼灯这一优秀传统文化的标志创新设计必定有其独特的重要意义。

获奖对我们来说是一个巨大的惊喜，更是一份坚定的荣耀，是个人能力和素质提高的垫脚石。成绩只代表过去，自己仍有很多不足之处。在今后的学习工作中，我将继续努力学习，提升自我，勇于迎接新挑战，取得新成绩，以此回报教导我们的老师与培育我们的学校。最后，感谢大赛组委会给全国大学生提供展现自我的平台，给我们一个发挥想象、创新创造的机会！感谢学校给予我参赛的机会！感谢周淑君老师的悉心指导，以及同学们的支持与鼓励！

实地调研项目索引

作品赏析项目索引